EDUCAÇÃO PARA UM MUNDO MELHOR

COMO ESTIMULAR O PODER DAS CRIANÇAS E JOVENS DO SÉCULO XXI

MARC PRENSKY

Tradução de
RENATO MARQUES DE OLIVEIRA

EDUCAÇÃO PARA UM MUNDO MELHOR

COMO ESTIMULAR O PODER DAS CRIANÇAS E JOVENS DO SÉCULO XXI

© Marc Prensky

Esta edição foi publicada com autorização da Teachers College Press, Teachers College, Columbia University, New York, New York, USA. Todos os direitos reservados.

Diretor editorial *Marcelo Duarte*	Consultoria pedagógica *Josca Ailine Baroukh*
Diretora comercial *Patth Pachas*	Projeto gráfico e capa *Marcello Araujo*
Diretora de projetos especiais *Tatiana Fulas*	Ilustração de capa *Gilberto Miadaira*
Coordenadora editorial *Vanessa Sayuri Sawada*	Diagramação *Natalli Tami Kussunoki*
Assistente editorial *Olívia Tavares*	Preparação *Alessandra Miranda de Sá*
	Revisão *Carmen T. S. Costa*
	Impressão *Loyola*

CIP – BRASIL. CATALOGAÇÃO NA PUBLICAÇÃO
SINDICATO NACIONAL DOS EDITORES DE LIVROS, RJ

P936e

Prensky, Marc
Educação para um mundo melhor: como estimular o poder das crianças e jovens do século XXI / Marc Prensky; tradução Renato Marques de Oliveira. – 1. ed. – São Paulo: Pánda Educação, 2021. 248 pp.

Tradução de: Education to better their world: unleashing the power of 21st century kids
ISBN: 978-65-88457-02-3

1. Educação – Finalidades e objetivos. 2. Inovações educacionais. I. Oliveira, Renato Marques de. II. Título.
Bibliotecária: Leandra Felix da Cruz Candido – CRB-7/6135

21-71220 CDD: 370.11
CDU: 37.017"20"

2021
Todos os direitos reservados à Panda Educação.
Um selo da Editora Original Ltda.
Rua Henrique Schaumann, 286, cj. 41
05413-010 – São Paulo – SP
Tel./Fax: (11) 3088-8444
edoriginal@pandabooks.com.br
www.pandabooks.com.br
Visite nosso Facebook, Instagram e Twitter.

Nenhuma parte desta publicação poderá ser reproduzida ou compartilhada por qualquer meio ou forma sem a prévia autorização da Editora Original Ltda. A violação dos direitos autorais é crime estabelecido na Lei nº 9.610/98 e punido pelo artigo 184 do Código Penal.

Para Sky e Rie,
e para todas as crianças do futuro.

(e para JSB por I e R)

"O que eu vou fazer quando for a hora de ajudar o mundo?"

– um aluno do ensino médio

Sumário

15 Agradecimentos

17 A mensagem fundamental deste livro

19 O que aconteceu
22 Educação para melhoria do mundo
24 Visão X prática
25 Por que agora?
25 Uma nova perspectiva

31 Um desafio para o mundo
34 É possível?
35 "Não submeta meu filho a experimentos"
36 A nova era de exploração

38 Novas crianças e jovens globalmente empoderados
40 Outra maneira
41 Mentes ampliadas e conectadas em rede

44 Projetos reais para melhorar o mundo
45 Os dez favoritos
51 Aprendizagem, por si só, não é educação

54 Reconciliando duas tradições educacionais: "pensamento" e "realização"
59 Unindo as duas tradições

60 Educação para melhorar o mundo
61 Por que novos fins?
62 Crianças que agregam valor
64 Por que agora?
65 Uma nova mentalidade
66 A "bagunça"

67 A educação acadêmica de ontem já não é mais suficiente –
mesmo que implementemos pequenas mudanças
68 Educação para melhorar o mundo: melhor para
as crianças e jovens, melhor para todos nós
69 Um aprendiz do mundo
70 Nunca antes viável
72 Novos fins, novos meios, novo suporte
74 Projetos do mundo real
76 Os benefícios
77 Como chegar lá – construindo roteiros detalhados
78 A educação deve fortalecer e apoiar os alunos e o futuro

81 O que crianças e jovens são capazes de realizar
84 Em vez de notas, realizações
87 A necessidade do "real"
90 O que crianças e jovens são capazes de realizar: paixão aplicada, projetos reais de melhoria do mundo e os valores que podem agregar
91 A importância da paixão e como é importante
que cada estudante encontre a sua
92 Paixão aplicada
93 E se as crianças e jovens não souberem?
95 À procura da paixão e a evolução da paixão
96 Aprender sobre a própria paixão é ótimo...
97 ... mas o que conta é aplicá-la a projetos do mundo real
99 Hoje, a paixão aplicada entra em cena tarde demais na educação
99 A alternativa
101 Encontro e criação de bons projetos
102 Categorias de projetos do mundo real
103 Conexão entre alunos e projetos
104 Não se trata apenas de escrever relatórios ou coletar doações
105 Reconhecimento do valor agregado por meio
de remuneração – trabalho infantil 2.0?

108 Conquista X realização
109 Realização
111 Por que a distinção é importante na educação?

113 Todas as habilidades de que crianças e jovens precisam
114 Chega de bagunça: repensando os conceitos básicos do currículo MESS
118 "Novos princípios básicos"

119 Um currículo mundial "melhor"
122 Por que "efetivo"?
122 Nada de cursos, nem de aulas
124 Apenas o começo
124 Nada de "aulas", nem de "lições"
126 Inspirando os alunos a se concentrarem no que é importante
126 E quanto à leitura, alfabetização e habilidade matemática?
130 E o que dizer de todo o conteúdo atual do MESS?
132 A nova matriz
133 Pensamento Efetivo
136 Consciência global e local
137 Mas só pensar não basta
138 Ação Efetiva
140 Relacionamentos Efetivos
142 Realizações Efetivas
144 Mais trabalho a fazer

145 A tecnologia dá respaldo à nova educação
145 Melhorar o mundo não *exige* tecnologia...
146 ... mas quanto mais as crianças e os jovens tiverem acesso à tecnologia, mais poderão melhorar o mundo em que vivem
147 Tecnologia como máscara
148 Dando o salto por cima do "vértice da curva da educação"
149 O advento da tecnologia educacional (as *edtechs*)
150 Geral ou específica?
151 Utilizar de forma extraordinariamente poderosa a tecnologia disponível
151 *Edtech* é apenas para educação "acadêmica"
153 A premissa subjacente
154 Onde agregar valor?
155 Curto prazo X longo prazo
156 Poderoso, não banal
158 Já irrelevante?
158 Um enfoque diferente da tecnologia educacional
160 *Edtechs* para melhorar o mundo
161 Novos tipos de produto
162 As principais perguntas para financiadores e desenvolvedores
164 A tecnologia como um novo alicerce
166 Moral da história

168 A mudança no papel do professor na educação das crianças e dos jovens
170 Uma oportunidade positiva – e o caminho evolutivo em direção a ela
170 A profissão de professor está mudando – assim como todas as demais
172 A trajetória
172 O caminho evolutivo
174 A luta
175 A ironia
176 Para onde vai o ensino: empoderando as crianças e os jovens para melhorar o mundo
177 Professores como "empoderadores"
178 Evoluindo para o novo papel de *coach* e empoderador
179 Perguntas difíceis
181 Dois diferentes tipos de ensino: não híbridos, mas possivelmente, por ora, em paralelo
183 Ambos ao mesmo tempo, não
186 Descrição do novo papel de empoderador
187 Aprendendo um novo tipo de ensino
189 Alguns empoderadores que conheci
192 Por que um professor se tornaria um empoderador? O que ele ganha com isso?
194 Incentivos à mudança
196 O melhor argumento para a mudança
198 Como tornar-se um empoderador
200 Superação de barreiras

205 A mudança acontecerá?
205 Frustração enorme
206 O que está faltando
207 O que causa a mudança?
208 A fórmula para a mudança
210 Aplicando a fórmula
210 Insatisfação
212 Primeiros passos
213 Visão compartilhada – o elemento faltante
215 Necessário, mas não suficiente
215 "De cima para baixo" não serve
216 O que as pessoas podem fazer

217 Políticos e autoridades governamentais
218 Líderes empresariais, governamentais e de ONGs
219 Formuladores de políticas educacionais
220 Famílias
221 Inovadores educacionais em todos os níveis
222 Atuais e futuros superintendentes, administradores e diretores escolares
223 Pós-graduandos em governança urbana e política educacional
224 Professores
225 Formadores de professores
225 Membros da população interessados em educação e comprometidos com o nosso presente
226 Jovens

228 Conclusão
230 Educadores como cientistas espaciais
231 Uma perspectiva útil
232 Exploração ou destruição?

234 Apêndice

Agradecimentos

Embora os pensamentos que estão neste livro sejam meus, devo agradecer a várias pessoas que, por meio de conversas e textos, contribuíram significativamente para sua realização.

Agradeço em particular a meus colaboradores mais próximos, Esther Wojcicki e David Engle, por todas as suas ideias e apoio.

Recebi sugestões e contribuições importantes de Nick Morgan, Rob Berkley, John Seely Brown, Vint Cerf, Milton Chen, Pierre Cintra, Michael Fullan, James Paul Gee, David Hawley, Dan Keenan, Robert E. Levin, David Nordfors, Lionel de Rotschild, Tim Tien, James Tracy, minha formidável editora Jean Ward, além de muitos outros. Embora não consiga lembrar e reconhecer as contribuições de todos, peço desculpas caso eu tenha me esquecido (inadvertidamente) de citar alguém.

A mensagem fundamental deste livro

Se você aproveitar da leitura deste livro apenas uma coisa, por favor, permita que seja o seguinte pensamento: a educação atual está tomando um rumo equivocado para o futuro, *não* porque não tenhamos adicionado a ela tecnologia ou quantidade suficiente das pretensas aptidões para o século XXI, ou ainda porque deixamos de oferecer a todas as pessoas, em igual medida, o acesso à educação, tampouco porque não tentamos implementar no sistema educacional melhorias paliativas, graduais e quase imperceptíveis.

A educação atual, K-12[1], está tomando um rumo errado para o futuro porque ela tem em mente – e nós também – finalidades e objetivos equivocados. Até agora, ela girou em torno de melhorar os indivíduos. O que a educação deve almejar no futuro, na verdade, é melhorar o mundo – e, nesse processo, fazer com que os indivíduos melhorem.

---

1 A expressão "K-12" significa da pré-escola [kindergarten] até o fim do ensino médio [high school]. O sistema educacional norte-americano é organizado nos seguintes segmentos: preschool, que se divide em pre-kindergaten (4-5 anos) e kindergarten (5-6 anos); elementary school (1º a 5º ano, 6-11 anos); middle school/junior high school (6º ao 8º ano, 11-14 anos); high school (9º ao 12º ano, 14-18 anos). No Brasil, o K-12 corresponde à educação básica, que engloba a educação infantil e os ensinos fundamental e médio.

O QUE ACONTECEU

Neste momento histórico em que a educação "acadêmica" se disseminou planeta afora e no qual estamos lutando com unhas e dentes para incluir no âmbito dela todas as crianças e jovens, nosso mundo – e as coisas que elas são capazes de fazer nele – está passando por uma drástica mudança.

Uma vez que as capacidades das crianças e jovens são agora tão diferentes, a educação que até aqui lhes oferecemos universalmente já não é mais apropriada para este momento histórico. Para alcançar o sucesso no futuro, os jovens de hoje e de amanhã exigem um tipo diferente de pontapé inicial no mundo – um novo ponto de partida –, por meio de uma educação diferente daquela que o mundo atual lhes oferece.

Crianças e jovens precisam, agora, de uma educação que seja muito mais conectada e real do que era no passado – que propicie não apenas conhecimento, mas que também os empodere. Eles precisam de uma educação cujos objetivos não sejam apenas melhorar a si mesmos, mas, antes, melhorar o mundo em que vivem.

Os contornos dessa nova e melhor educação estão surgindo. Em seu cerne, trata-se de *uma educação cujo propósito é empoderar crianças e jovens a melhorar o próprio mundo, começando quando ainda são estudantes.* Embora essa nova educação ainda não exista em sua totalidade – ela continuará a vir à tona e a evoluir –, seus principais elementos vêm despontando ao redor do mundo, nas ideias e práticas de um número crescente de indivíduos e grupos. O objetivo deste livro é descrever e destacar esse novo paradigma educacional.

Essa educação favorece a todos, em particular crianças e jovens, permitindo que pensem de forma mais eficaz (e muito mais prática) do que a educação atual. Além disso, os empodera e os prepara para agir, para se relacionar com os outros e colocar em prática ideais e metas de vida de maneira efetiva. Tal educação oferece às crianças e jovens não apenas o orgulho e a alegria que resultam de suas realizações, mas toda a autoconfiança que vem com cada uma delas. Provê crianças e jovens com uma bagagem que vai além de um histórico escolar: um currículo de realizações práticas no mundo real, que irá apoiá-los no mercado de trabalho ou no ingresso na vida acadêmica.

Uma educação que beneficia os empregadores, porque eles poderão contar com trabalhadores mais bem--preparados desde o início. Auxilia também a sociedade local e global, ao fazer florescer um enorme potencial ainda inexplorado de aprimoramento do mundo, à medida em que permite que crianças e jovens em idade escolar deem asas à imaginação e elaborem soluções reais e aplicáveis para os problemas e necessidades atuais.

Há um aspecto ainda mais importante: é uma educação que cria cidadãos com experiência desde cedo em encontrar e colocar em prática soluções reais para problemas reais. Isso é algo que a educação atual não apenas deixa de incentivar, mas nem se dá o trabalho de *tentar*.

Neste livro, ofereço a meus leitores – entre os quais, espero, inclui-se uma ampla variedade de pessoas interessadas em educação, desde políticos e autoridades governamentais a formuladores de políticas educacionais, famílias, inovadores educacionais, administradores, dirigentes e gestores educacionais, diretores de escolas, pós-graduandos em governança urbana e política educacional, professores e formadores de educadores, membros da população em geral interessados no tema e incumbidos de proporcionar a crianças e jovens a educação adequada para seu presente e futuro, e, o mais importante, muitos jovens – uma nova perspectiva de como podemos e devemos educar crianças e jovens nos primeiros anos escolares (isto é, na educação básica). Meu objetivo é convencer o leitor de que se faz necessário um novo tipo de educação; de que essa visão e sua implementação estão sendo postas em prática e de que existe, de fato, uma alternativa real e totalmente diferente – muito melhor – para a atual educação básica. Tanto é assim que as duas alternativas merecem nomes muito diferentes: o "Modelo Acadêmico" de realização individual em uma estreita gama de assuntos (é o que temos atualmente) e o "Modelo de Empoderamento para um Mundo Melhor", que libera o potencial dos alunos para realizar projetos que melhoram o mundo (modelo que, acredito, é o necessário e que na minha opinião é o caminho para onde rumamos). Nossa decisão de nos mantermos apegados a padrões acadêmicos ou de mudarmos de postura irá exercer um profundo impacto em nosso futuro.

Educação para melhoria do mundo

Melhorar o mundo sempre foi um objetivo *indireto* da educação; porém, durante algum tempo, isso se tornou algo mais parecido com um subproduto.

No paradigma acadêmico da educação, vinculamos os alunos ao "conteúdo", na esperança de produzir alguma aprendizagem. Aqueles que aprendem se tornam pessoas "melhores" (quase inteiramente em sentido intelectual). A grande aposta da educação acadêmica – e nossa profunda esperança – é que essas pessoas "melhoradas", em algum momento – normalmente muito tempo depois de sua educação formal –, arregacem as mangas e saiam por aí aprimorando o mundo.

Mas agora temos à disposição um meio muito mais direto para os jovens alcançarem a meta de melhorar seu mundo – uma meta da qual eles se apropriam cada vez mais, um objetivo que articulam conforme o tempo passa e aprendem. Nesse novo paradigma educacional em evolução, começamos vinculando os alunos não a conteúdos, mas a problemas. Não aos que os educadores inventam, mas aos que crianças e jovens consigam identificar em seu próprio mundo, seja em nível local e/ou global. A educação escolar passa, então, a girar em torno de encontrar e implementar soluções para esses problemas, de maneira a colocar em jogo os pontos fortes e as paixões de cada criança – o "conteúdo" sendo aquilo que for necessário, em meio a uma ampla variedade de domínios, ao longo do caminho. O resultado positivo em curto prazo é *um mundo melhor imediatamente*. Mas o resultado em longo prazo é muito mais extraordinário: produzimos uma população de cidadãos adultos que foram empoderados por meio da educação e agora têm condições de criar soluções concretas para as questões do mundo. Como consequência, esses adultos poderão seguir em frente e, pelo resto da vida, continuarão formulando soluções que melhoram o mundo, tornando-se, para usar a definição da educadora Zoe Weil[2], "solucionários".

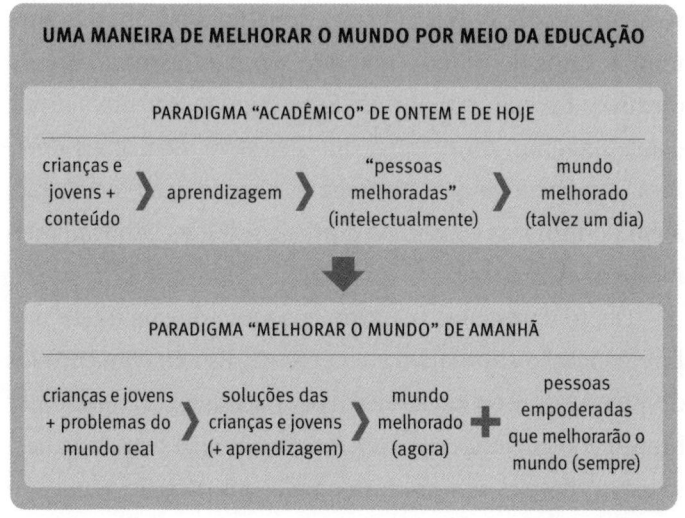

---

2 Zoe Weil é a fundadora do Institute for Humane Education [Instituto de Educação Humanitária]. Também é autora dos livros *The world becomes what we teach* [O mundo se torna aquilo que ensinamos] (2016) e *Most good, least harm: a simple principle for a better world and meaningful life* [Mais benefícios, menos danos: um princípio simples para um mundo melhor e uma vida significativa] (2009). [No Brasil, foram publicadas as obras: *O poder e a promessa da educação humanitária* (2013) e *Então, você ama os animais* (2004).(N.T.)]

Visão X prática

Este livro versa principalmente sobre a "visão" em vez da "prática": é necessário neste momento uma mudança de grandes proporções na visão e na mentalidade do mundo com relação ao que deveria ser a educação. É crucial que entendamos essa necessidade e pensemos cuidadosamente sobre o panorama geral das mudanças no mundo e de que modo a educação deve se adaptar.

Algumas pessoas mudam a sua maneira de pensar somente depois de verem vários exemplos. Este livro mostra muitos casos do mundo real que são paradigmáticos e indicativos do que está por vir. Será seguido por um volume complementar, um manual que descreve, com mais detalhes, experiências que caminham rumo a essa concepção, além de fornecer conselhos práticos sobre as várias maneiras de se chegar lá.

Quero apresentar aos leitores a visão do que é essa melhor educação alternativa e emergente. Espero convencê-los do *porquê* de essa nova alternativa ser melhor, apresentar brevemente algumas das pessoas que já estão pensando nessa nova direção – e se deslocando em direção a ela – e descrever de que modo, apesar da enorme resistência que o sistema educacional demonstra ter a mudanças, poderemos chegar a essa nova educação – para o imenso benefício futuro de todos.

Seja você um líder, pai, mãe, educador, político ou estudante, espero inspirá-lo a se juntar ao movimento com o objetivo de alcançarmos uma educação básica diferente e melhor em todo o mundo.

Por que agora?

A necessidade de um novo modelo de educação básica deriva, quase inteiramente, das novas e crescentes capacidades dos jovens e da nossa própria necessidade de ajudá-los a direcionar essas novas competências de maneira positiva. Há, sem dúvida, diversos modos de fazer isso, mas um deles parece emergir "de baixo para cima" em vários lugares: a realização de projetos reais que melhoram o mundo por iniciativa de crianças e jovens em idade escolar. O fato de que muitos deles são capazes de colocar esses projetos em prática, de tantas maneiras novas e vigorosas, é um fenômeno global, algo que a educação atual não foi concebida para incentivar ou ajudar. Portanto, é hora de adotar um enfoque novo e diferente.

Uma nova perspectiva

Uma nova visão e perspectiva é o que está na raiz de qualquer mudança, e isso é realmente necessário na educação básica. Claro, essa mudança de visão deve ser acompanhada de novas práticas. Mas como todos nós passamos pelo processo de educação formal e recebemos a educação acadêmica do modelo antigo, fica difícil até mesmo de *imaginar* algo diferente. Desde a mais tenra idade, e ao longo de muitos anos, não apenas nos informaram, mas nos mostraram o que é uma educação básica. Quando ouvimos falar a respeito de uma proposta ou postura diferente, muitos de nós temos dificuldade de enxergar a nova alternativa como melhor e achamos difícil abandonar grande parte do passado. Mas é essencial que façamos isso.

A educação básica atual assume muitas formas em lugares diferentes, mas tem, em seu âmago, apenas uma única proposta: tornar os indivíduos mais competentes para pensar (e não, por exemplo, para as ações, relacionamentos e realizações concretas do mundo real). Ninguém contesta a importância de um bom raciocínio lógico. Perdemos com o tempo não apenas a nossa capacidade de ter êxito quando se trata de fazer o pensamento se materializar, mas também, e ainda mais importante, o foco dessa missão no plano geral de todas as coisas que almejamos – e das quais precisamos – para crianças e jovens. A educação atual também está longe de tudo aquilo que as próprias crianças e jovens querem – e das coisas nas quais precisam ser bons – para alcançar o sucesso no mundo e se tornar as pessoas que desejam ser. O pensamento eficaz – por mais importante que seja – é apenas uma fração do que crianças e jovens precisam.

As reformas e as tentativas de aprimorar a qualidade da educação básica também assumem inúmeras formas. Hoje, porém, muitas dessas mudanças são apenas mínimas e paliativas em relação à antiga visão acadêmica, predominantemente centrada "somente no pensamento" e que já não é suficiente. Agora, felizmente, vemos um novo caminho vindo à tona. Observamos um número cada vez maior de pessoas não só ávidas por trilhá-lo, mas já embarcando nele.

As futuras implementações da visão "Empoderamento para um Mundo Melhor" também assumirão inúmeras formas. Mas todas terão, acredito, alguns elementos básicos em comum, e é desses elementos comuns da nova visão educacional que este livro trata. Porque a única maneira de saber se algo rotulado como "reforma" é realmente uma melhora – isto é, se impulsiona a educação para um lugar novo e melhor ou se é apenas uma atualização imperceptível do passado – é ter em mente a ideia de para onde deveríamos ir.

São estes os elementos em comum que, a meu ver, estão incluídos na nova perspectiva de educação "Empoderamento para um Mundo Melhor" para a educação básica:

1. Uma mudança de *fins*: em vez de educar os indivíduos para que possam *um dia* melhorar o seu mundo, eles passam a efetivamente melhorar o mundo em que vivem *com* educação.
2. Uma mudança de *meios*: da aprendizagem acadêmica, com avaliações e notas, à aplicação da paixão de cada um para realizações concretas no mundo.
3. Uma mudança no quesito *expectativa em relação àquilo que todas as crianças e jovens devem aprender a fazer muito bem* (ou seja, os resultados que desejamos e os currículos escolares que são essenciais para todos): trocar o estudo das disciplinas de matemática, linguagem, ciências biológicas e sociais, como fins em si mesmas, por pensamento, ação, relacionamentos e realizações no mundo.
4. Uma mudança no *modo como ensinamos*: de um enfoque acadêmico de fornecimento de conteúdo e controle para uma abordagem de empoderamento que oriente e prepare as crianças e jovens para realizarem (no sentido de criar, produzir a partir de um plano) um projeto

de maneira efetiva – por meio da confiança, respeito, independência, colaboração e bondade – com uso vigoroso, e não apenas trivial, da tecnologia.

Espero que os leitores, ao fim desta obra, tenham uma compreensão mais aprofundada de como e por que cada um desses elementos está mudando, de como eles se encaixam em uma nova visão dos rumos que a educação básica está tomando, além dos muitos benefícios que essa nova perspectiva acarreta.

A estrutura do meu argumento e do livro é a seguinte: este capítulo inicial descreve a tese de que precisamos de mudanças fundamentais na educação – de que o nosso sistema atual está errado para um futuro bom, de maneira que as melhorias paliativas não serão capazes de corrigi-lo. "Um desafio para o mundo" traz uma proposta para aqueles que queiram fazer as coisas de maneira diferente. Os capítulos "Novas crianças e jovens globalmente empoderados" e "Projetos reais para melhorar o mundo" discutem as crianças e jovens recém-empoderados e as realizações que eles são capazes de concretizar (e as coisas que estão ávidos para fazer). "Reconciliando duas tradições educacionais: 'pensamento' e 'realização'" destaca o que foi deixado de fora da educação nos últimos séculos – ou seja, realizações no mundo real – e como podemos recuperar isso reconectando nossas duas grandes tradições educacionais históricas. Os capítulos "Educação para melhorar o mundo", "O que crianças e jovens são capazes de realizar" e "Conquista X realização" descrevem em linhas gerais o aspecto da nova educação e realizam uma distinção entre as "conquistas" do passado e as "realizações" necessárias para o futuro. Em "Todas as habilidades de que crianças e jovens precisam" delineia-se uma estrutura para uma grade curricular melhor e mais abrangente – não programada aula a aula, como a maior parte dos currículos atuais faz, mas um conteúdo curricular que possa ser aprendido a partir da implementação de projetos no mundo real.

Tão logo começamos a compartilhar a visão e entendemos por que ela é melhor, a tarefa seguinte será chegar lá. O capítulo "A tecnologia dá respaldo à nova educação" descreve um papel melhor e mais útil para a tecnologia nessa empreitada. Já "A mudança no papel do professor na educação das crianças e dos jovens" esboça um caminho evolutivo para o futuro de nossos professores. O capítulo "A mudança acontecerá?" e a conclusão do livro investigam quando haverá essa mudança e os benefícios que todos iremos obter.

Em sua essência, este livro trata de uma nova visão da educação, principalmente a básica, aquela que vai dos anos iniciais da educação infantil ao final do ensino médio. Ele trata de como os elementos fragmentados de uma visão de futuro estão se combinando para permitir que as pessoas que desejam mudanças fundamentais finalmente digam: "Não escolho a visão educacional do passado (e de hoje), escolho a visão educacional de amanhã" ou "Não escolho para meu filho (nem para mim) apenas uma educação acadêmica antiga (ou atualizada). Escolho uma educação que melhora o mundo".

Costuma-se atribuir a Santo Agostinho a seguinte afirmação: "Nas coisas essenciais, unidade; nas não essenciais, liberdade; em tudo, caridade". As coisas essenciais, nesse caso, são os elementos fundamentais da nova visão comum da educação básica. A liberdade está na imensa variedade de implementações dessa nova visão, implementações que estão surgindo em um sem-número de formas diferentes de uma ponta à outra do planeta. A caridade – importante – é a nova e respeitosa maneira com que começamos, lentamente, a enxergar as crianças e jovens recém-empoderados.

UM DESAFIO PARA O MUNDO

Imagine ler ou ouvir a respeito do seguinte decreto, promulgado pelo Departamento ou Ministério da Educação de um país ao término de um ano escolar:

No próximo ano, a educação [em nosso país] será completamente nova e diferente. Não irá girar ao redor de matérias, conteúdos programáticos e notas. A educação será norteada pelo propósito de – e somente de – melhorar o nosso país e as nossas comunidades.

Ao longo do ano, alunos e professores concentrarão todo o seu foco e esforços em uma série de projetos para o mundo real – projetos que farão de nosso país um lugar melhor de alguma forma.

Não definiremos ou criaremos esses projetos – os alunos e professores serão responsáveis por isso. Alguns podem fazê-lo na forma de aulas, outros como equipes de alunos e professores dentro e fora das aulas – e, quando possível, até mesmo em âmbito nacional. Para serem aprovados e receberem o sinal verde que lhes dará permissão para seguir em frente, os projetos precisarão atender a apenas um único critério: "Mostre-nos como isso irá melhorar algum aspecto de nosso país".

Cada projeto criará seus próprios objetivos, que podem variar desde melhorar a aparência, as funções e atividades de um bairro, incrementar a infraestrutura de uma comunidade, preservar parte da história e patrimônio de nosso país, ajudar o governo e os agentes reguladores locais, melhorar a vida dos menos favorecidos, construir novos relacionamentos entre pessoas em comunidades reais (e on-line), adicionar ou aperfeiçoar a tecnologia, entre outras boas ideias – pelo menos é essa a nossa esperança. Os únicos limites são a criatividade, inventividade e desenvoltura das equipes. Os projetos podem durar semanas (por exemplo: "Vamos transformar esse terreno descuidado em uma horta comunitária"), ou meses (por exemplo: "Vamos criar a melhor rede Wi-Fi do país em nossa escola e/ou bairro"), ou o ano inteiro (por exemplo: "Vamos parar ou diminuir o aumento de casos de algumas doenças em nossa comunidade"). Os alunos podem se envolver em diversos projetos ao longo do ano e cada um deles será baseado inteiramente na aplicação das paixões dos membros da equipe em ajudar o país da maneira que julgarem melhor. Será preciso produzir resultados positivos e avançar em direção ao cumprimento de suas metas fundamentais para o ano. As equipes podem ser orientadas por professores, por alunos ou por ambos. As equipes podem recrutar o setor privado, atrair o interesse de órgãos e instituições do governo ou de organizações não governamentais (ONGs) como parceiros, de maneira criativa.

    Todos os alunos e professores do nosso país devem participar. Haverá pouca estrutura e regulamentação – contamos com a criatividade de nossos alunos e professores para organizar o programa de projetos e fazê-lo dar certo. Apenas diretrizes mínimas serão promulgadas. Todos agora têm as férias inteiras para pensar a respeito. No final do primeiro mês letivo, esperamos que todos os professores e alunos tenham criado a sua primeira equipe ou realizado a sua inscrição em alguma, de modo a dar início aos projetos.

Criaremos um site para acompanhar o andamento de todos os projetos e assegurar que todas as escolas possam acessá-los por meio de um computador ou celular. Os projetos concluídos serão avaliados por votação on-line, conforme os seguintes quesitos: (1) é algo que melhorou o país (esperamos que quase todos atendam a esse requisito); (2) é algo que tornou o país excepcionalmente ou extraordinariamente melhor (talvez 10% dos projetos); e (3) é um projeto que não conseguiu melhorar o país, com recomendações sobre como alterá-lo para que se torne viável (esperamos que esse número seja bem pequeno).

O lema dessa iniciativa – e a missão educacional do nosso país para o próximo ano letivo – será este: *Você pode tornar nosso país um lugar melhor – surpreenda-nos com quanto você (e nós) pode realizar.*

Agora imagine que isso realmente tenha acontecido em algum lugar, e já se passou um ano. Qual pode ter sido o resultado?

- Esse país teria melhorado?
- Os governantes e autoridades responsáveis teriam uma porção de ideias sobre como fazer o país melhorar ainda mais no ano seguinte?

- Os estudantes do país, depois de concluírem esses projetos de melhoria da nação e da comunidade, estariam em melhores condições em termos de autoconfiança, eficácia, entusiasmo e participação em sua educação?
- Os professores do país estariam em melhores condições em termos de entusiasmo e participação?
- Os estudantes teriam aprendido informações úteis e relevantes, procurando-as por conta própria para ajudar na realização de seus projetos?
- Ou tudo se tornaria uma grande bagunça, com crianças e jovens simplesmente perdendo um ano de instrução acadêmica formal?

Não sei a resposta. Mas se eu tivesse o poder apropriado, levaria adiante o experimento. O que estamos fazendo hoje com a educação básica resulta em pouco benefício e melhoria para crianças e jovens, comunidades, países e mundo, em comparação com o que o processo educacional poderia realizar. Precisamos fazer mais e melhor.

É possível?

Há quem duvide que um desafio como esse, mesmo se fosse aceito, produziria mudanças significativas. O principal argumento desses céticos é o de que as pessoas esperam "ser instruídas sobre o que fazer", gostam de obedecer a regras e ordens, em vez de atuar por conta própria em relação às metas estabelecidas. Em muitos lugares, argumentam que alunos e professores não estão prontos para o conceito de "agência" – isto é, para agir e assumir a responsabilidade de melhorar o seu próprio mundo. Para aqueles que pensam assim, isso é uma grande e difícil mudança de perspectiva.

Mas estou convencido de que, ao contrário do que a maioria acredita, há muito mais crianças e jovens prontos para pôr a mão na massa.

"Não submeta meu filho a experimentos"

Se um ministro ou ministra (ou alguém em outra posição de autoridade) realmente iniciasse o desafio que acabei de descrever, sem dúvida teria de enfrentar hordas de famílias furiosas gritando coisas como: "Não submeta *meu* filho a experimentos!" ou "Quero que *meu* filho tenha exatamente a mesma educação que eu tive (só que melhor!)". Muitas famílias já estão esbravejando isso hoje em dia.

Se eu fosse o ministro (ou secretário da Educação ou qualquer cargo equivalente), a minha resposta a essas famílias seria a seguinte:

> Eu entendo suas preocupações, mas *temos* que fazer testes e experimentos e encontrar uma maneira melhor. Seus filhos vivem em um mundo novo, muito diferente daquele em que nossa geração cresceu. As crianças e os jovens de hoje são muito mais empoderados do que eram no passado – eles dispõem de uma enorme quantidade de recursos que nunca tiveram antes. Na verdade, ainda não sabemos qual é a melhor forma de educar essas crianças e jovens empoderados em seu novo ambiente.

Mas de uma coisa sabemos: a nossa educação atual – mesmo com pequenas melhorias – não está funcionando como costumava. Portanto, *não* realizar testes e experiências para tentar encontrar maneiras melhores de educar essas crianças e jovens seria uma irresponsabilidade. Tenho certeza de que todos vocês fazem parte de famílias responsáveis – e eu sou um educador responsável –, então vamos prosseguir com nossos experimentos, porque todos nós estamos em uma nova era.

A nova era de exploração

Por cerca de 200 mil anos, até mais ou menos o final do primeiro milênio (algo em torno de 1000 d.C.), vivíamos em uma sociedade rural. Quase todos os habitantes do mundo eram agricultores ou pastores e viveram um longuíssimo período em que todas as crianças e jovens basicamente sabiam – com apenas pouquíssimas exceções – que fariam o mesmo trabalho de campo de suas famílias. No que agora chamamos de primeiro milênio d.C., a maioria das pessoas do mundo ainda estava nessa fase.

O milênio seguinte – o segundo, que terminou há cerca de duas décadas – foi diferente. Trata-se de uma época, particularmente nos últimos séculos, de enorme construção e desenvolvimento. Durante esse milênio, as grandes cidades foram ampliadas, a industrialização surgiu, importantes invenções foram desenvolvidas e imensas infraestruturas foram erguidas. Crianças e jovens nascidos e criados no segundo milênio cresceram na era da construção. Foi, também, uma era de descobertas, mas apenas para relativamente poucos exploradores individuais e pioneiros intrépidos.

Estamos entrando no chamado terceiro milênio, em uma nova era de exploração – muito diferente da que vimos no passado. Uma das maiores diferenças é que agora quase todos podem participar das explorações e descobertas de seu tempo. Crianças e jovens que crescem no terceiro milênio serão capazes de explorar não apenas a Terra, mas o espaço sideral. Poderão estudar e entender a mente e o cérebro humano como nunca antes, e as novas configurações de mundos – digital e virtual – que ainda estão nascendo. Eles ajudarão a resolver os problemas que o nosso planeta e a nossa espécie enfrentam de uma forma que as pessoas não conseguiram no passado.

O mais empolgante é que crianças e jovens agora podem iniciar esses processos de exploração, resolução de problemas e transformação do mundo em um lugar melhor nos primeiros anos de formação, em vez de esperar até a fase adulta para conseguir fazer isso. É uma grande mudança para todos nós.

NOVAS CRIANÇAS E JOVENS GLOBALMENTE EMPODERADOS

Não é exagero dizer que no mundo de hoje as crianças e jovens de entre seis e 18 anos de idade representam o grupo mais desrespeitado, subestimado, subvalorizado e, ainda assim – potencialmente –, o mais poderoso do mundo para o nosso futuro.

Por que digo isso?

A parte do "desrespeitado" é fácil. Na maioria dos lugares, incluindo, sem dúvida, o meu próprio país, os Estados Unidos, tratamos crianças e jovens com respeito praticamente zero. Mal lhes damos ouvidos, nem sequer tentamos. Impomos a eles objetivos e metas a atingir que são quase exclusivamente nossos próprios, e não os deles. Dizemos a eles para onde ir e o que fazer, com rigorosa exatidão. Nós os recompensamos, não por serem indivíduos independentes e autônomos, mas por se sujeitarem aos nossos "padrões". Em todo o mundo, nos painéis e grupos de discussão de estudantes de que participo como mediador, a solicitação número 1 deles, o principal pedido – universalmente –, é mais respeito.

A parte do "subvalorizados" também não é muito difícil de ser enxergada. Aparece sempre que há uma escolha a ser feita entre as duas opções seguintes: crianças e jovens fazerem algo que querem e sabem que são capazes de fazer ou algo que queremos que façam. Raramente damos às crianças e aos jovens o crédito por todas as tarefas organizacionais e de outros tipos que conseguem realizar com suas novas tecnologias, ou sequer lhes damos a oportunidade de usá-las. Nossa expectativa é a de que toda a vida educacional da criança e do jovem aconteça dentro da sala de aula, em atividades relacionadas à escola – qualquer iniciativa educacional que tomem fora desses limites e do conteúdo curricular muitas vezes é inesperada e raramente recompensada. Às vezes, pode ser que a escola peça a eles que realizem um projeto de serviço social (isso é mais frequente em instituições particulares do que nas públicas), sobre o qual podem até ter algum pequeno grau de controle, mas quase sempre a nossa preocupação é apenas com o desempenho acadêmico – nesse item, sim, as realizações de crianças e jovens são premiadas. Raramente recompensamos, ou sequer avaliamos, as atitudes no mundo real, porque isso é raríssimo em nosso sistema.

Digo que as crianças e os jovens de hoje são "subestimados" porque quase nunca os deixamos perceber todo o potencial acerca do que são capazes de fazer, principalmente para melhorar o mundo. Raramente pedimos a eles que encontrem problemas reais – e muito menos que os consertem ou resolvam –, sobretudo porque achamos que isso é tarefa de adultos. Somente os melhores professores têm a coragem de dizer aos seus alunos "Surpreendam-me" e de dar a eles parâmetros abertos para isso.

Embora certamente haja exceções, o que eu digo aplica-se à grande maioria das crianças no mundo – quase todas, na verdade. Mesmo em nossas "melhores" escolas, crianças e jovens geralmente crescem desrespeitados, subestimados e subvalorizados por seus educadores. Sei disso porque eles me contam.

Outra maneira

Não precisa ser assim. Nesta recente era tecnológica, estamos começando a ver, no mundo todo, o surgimento de um novo tipo de jovem, empoderado e que tem uma relação diferente com seus educadores e com a sua própria educação. Por ora, talvez haja apenas alguns vislumbres aqui e ali, mas o efeito cumulativo é muito poderoso. Prevejo que isso irá se tornar mais forte e, mais cedo ou mais tarde, será a norma *se* crianças e jovens aprenderem a acreditar em seu potencial recém-adquirido e passarem a usá-lo, e *contanto* que não continuemos a fazer o máximo esforço – até conseguirmos – para esmagá-los (embora a meu ver já seja tarde demais para isso).

As "Crianças e Jovens Globalmente Empoderados" de que estou falando são aqueles que perceberam que, quando identificam um problema no mundo, não precisam esperar – ou obter permissão – para começar a resolvê-lo. Eles podem assumir a responsabilidade e tentar solucioná-lo com suas próprias mãos ("Sou apenas eu, fazendo o que eu julgo ser a coisa certa", diz uma dessas crianças[3]). São os jovens que, com ou sem a tecnologia, agora corrigem erros

---

3 Marley Dias, 11 anos de idade, no quadro Can-Do Kids [Crianças que sabem fazer] do programa matutino *Today Show*, da rede norte-americana NBC, coapresentado por Jenna Bush Hagar, em 31 de maio de 2016.

e defeitos, consertam uma infraestrutura danificada, redistribuem produtos usados, ensinam habilidades uns aos outros, constroem redes, projetam parques, restauram o meio ambiente e escrevem relatórios oficiais. Eles são ao mesmo tempo "Crianças e Jovens Globamente Empoderados", uma vez que podem agir de uma ponta à outra do planeta, e "Crianças e Jovens Empoderados Globais", no sentido de que é possível encontrá-los em praticamente qualquer lugar. Se recusam a desperdiçar sua juventude simplesmente participando do jogo da escola antiga. Às vezes, eles desistem e abandonam os estudos, mas quase sempre mudam de rumo e de prioridades. Muitos estão se equilibrando entre fazer o que é velho e ser empoderado, apenas aguardando que a balança penda para o seu lado.

Mentes ampliadas e conectadas em rede

Precisamos ver essas crianças e jovens da mesma maneira que eles, cada vez mais, veem a si mesmos: como mentes ampliadas e conectadas em rede.

Em grande medida, a mente ampliada desses jovens reside em dispositivos e aparelhos que eles, com frequência cada vez maior, carregam consigo (sobretudo os *smartphones*, conectados com outros potentes dispositivos, a exemplo da navegação em nuvem, computadores e consoles de videogame). Esses novos dispositivos permitem que crianças e jovens não apenas *absorvam* informações (o que poderiam fazer por meio da leitura) e criem relatórios, mas também combinem, analisem e manipulem informações de novas maneiras. Com seus dispositivos e aparelhos, os estudantes podem:

- colaborar com pessoas de qualquer parte do mundo;
- combinar e analisar bases de dados do mundo todo (por exemplo, no caso do mecanismo Wolfram Alpha[4], uma dessas interfaces é a Siri[5], do iPhone);
- simular trilhões de testes de sistemas e amostras;
- ampliar seu alcance por meio da robótica e da inteligência artificial;
- descobrir informações até então desconhecidas sobre os confins da galáxia e sobre a microestrutura do cérebro;
- entrevistar grandes grupos de pessoas, em todo o mundo, sobre qualquer tema.

E os jovens podem fazer muito mais coisas novas (veja meu livro *Brain gain: technology and the quest for digital wisdom* [Ganhos do cérebro: tecnologia e a busca pela sabedoria digital]. Hoje, praticamente qualquer criança do mundo sabe da existência desses dispositivos e aparelhos e quer um

---

4 O Wolfram Alpha é um mecanismo computacional de buscas on-line diferente da maioria dos disponíveis na rede. Ao adentrar o ambiente interativo do programa e realizar uma busca qualquer, ele apresentará ao usuário uma resposta extraída de uma base de dados estruturados, diferentemente dos outros mecanismos de busca, que apresentam uma lista de páginas da web ou documentos. Em vez de procurar por palavras e devolver uma lista de links, o Wolfram Alpha interpreta a pergunta feita e apresenta o resultado na forma de respostas, que também podem ser mapas, tabelas e outros dados. A empresa detentora dos direitos do programa é a companhia internacional Wolfram Research, um centro de pesquisas criado em 1987 pelos irmãos Stephen e Conrad Wolfram. (N.T.)

5 Aplicativo que funciona como assistente pessoal, exclusivo da Apple. (N.T.)

deles (ou um melhor). Estamos rapidamente nos aproximando do dia em que todas as crianças e jovens os terão.

Por "conectadas em rede" eu me refiro à totalidade da conexão social baseada em mídia que esses dispositivos possibilitam.

Precisamos de um novo modelo de educação que liberte o potencial dessas "mentes ampliadas e conectadas em rede", sem aprisioná-las nos círculos viciosos da competição acadêmica que muitas vezes encontramos nas escolas. Hoje, observamos um número grande de crianças e jovens que se desvinculam da educação que lhes oferecemos. Ainda mais desanimador é o fato de que – não apenas em um único lugar, mas no mundo inteiro –, quando somos exigentes demais no cumprimento da grade curricular convencional (por exemplo, a pressão por desempenho de excelência no currículo escolar atual e em exames e provas altamente competitivos), alguns deles preferem, literalmente, morrer. Em lugares como Cingapura e Coreia do Sul, ou no Vale do Silício[6], há jovens cometendo suicídio por causa da pressão acadêmica.

É isso o que os jovens merecem? É esse o tipo de educação que queremos e da qual eles precisam? Podemos fazer bem melhor que isso.

---

6 Em Palo Alto, na região do Vale do Silício, Estados Unidos, o Centro de Controle e Prevenção de Doenças busca entender o aumento da taxa de suicídio entre os jovens. Entenda o caso em: WANG, Yanan. "CDC investigates why so many students in wealthy Palo Alto, Calif., commit suicide". *The Washington Post*, Washington, DC, 16 fev. 2016. Disponível em: <https://www.washingtonpost.com/news/morning-mix/wp/2016/02/16/cdc-investigates-why-so-many-high-school-students-in-wealthy-palo-alto-have-committed-suicide/>. Acesso em: 28 maio 2021. (N.E.)

PROJETOS REAIS PARA MELHORAR O MUNDO

Uma das maneiras mais eficientes de fazermos o melhor para as crianças e jovens globalmente empoderados é ajudá-los a aplicar seus recém-adquiridos potenciais a projetos que melhorem o mundo em que vivem. É importante compreender o que são esses projetos e como eles diferem dos que são realizados na escola hoje em dia.

> Projetos reais que melhoram o mundo são aqueles que produzem mudanças efetivas e, com sorte, duradouras nas comunidades locais e globais de crianças e jovens – mudanças para as quais eles podem apontar e dizer: "Eu e meu grupo fizemos isso!".

Hoje, a maioria dos projetos que as crianças e jovens fazem na escola – até mesmo os chamados "da vida real" – não afetam o mundo fora da sala de aula. Quase todos são inventados, principalmente por professores, com o intuito de atingir as metas e atender aos padrões de aprendizagem. Tais projetos podem, de fato, ajudar as crianças e jovens a aprenderem de maneiras mais agradáveis e envolventes. Mas não fazem a menor diferença no mundo deles. Chamar os projetos de "autênticos" não ajuda em nada, porque autêntico significa apenas "parecido com a vida real". Entre os exemplos de projetos autênticos-mas-falsos incluem-se pesquisas que levam a recomendações que nunca são postas em prática, ou a relatórios encaminhados a algum grupo e que nunca são levados a sério, ou a formulários de cartas-padrão preenchidos e endereçados a políticos ou até mesmo a publicações que apenas alguns poucos leem. Não é isso que quero dizer com projetos reais para melhorar o mundo – *mesmo* que as recomendações ou relatórios sejam submetidos a algum grupo oficial. Projetos dessa natureza tornam-se "da vida real" *somente* se forem feitos para um público real *e* se levarem a ações, *resultando* em uma diferença na sociedade.

Já existem registros de diversos projetos reais para melhorar o mundo encabeçados por estudantes e realizados ao redor do planeta; estou trabalhando na criação de um banco de dados global desses projetos para que todos possam usá-los. Se você conhece algum que deveria ser incluído, espero que envie um e-mail para mim: marcprensky@gmail.com.

Os dez favoritos

Enquanto isso, eis aqui meus dez exemplos favoritos de projetos da vida real para a melhoria do mundo, no momento em que escrevo este livro. Você pode acompanhar os novos projetos que surgirem no site da BTW Database: www.btwdatabase.org.

1. Quando três irmãos adolescentes – respectivamente com 14, 15 e 16 anos de idade – de Decatur, no estado norte-americano da Geórgia, consideraram que sua família havia recebido um tratamento injusto em uma abordagem policial, disseram a si mesmos: "Por que não criamos um aplicativo para nos ajudar a resolver esse problema?". Usando habilidades de codificação, que eles aperfeiçoaram on-line, os irmãos criaram um aplicativo para celular que os cidadãos usam para classificar suas interações com a polícia (e outros funcionários públicos). O aplicativo Five-O[7] empodera os cidadãos e é usado para gravar e armazenar dados de todas as interações com as autoridades policiais. Os relatórios desses incidentes são em seguida compilados e analisados de forma eletrônica, e podem ser compartilhados e usados pelas comunidades para classificar policiais individualmente e departamentos de polícia como um todo. Além de o aplicativo receber ampla publicidade, diversas sugestões para melhorar a ferramenta foram postadas no site da Google Play.[8]

---

[7] Five-O, ou simplesmente 5-0 é um termo urbano que tem sua origem no seriado policial norte-americano *Havaí 5.0*, sendo usado como gíria para se referir à polícia. (N.T.)

[8] Inúmeros artigos sobre o Five-O foram publicados na imprensa, entre eles, na edição do HuffPost de 18 de agosto de 2014 <https://www.huffpost.com/entry/teens-police-brutality-app_n_5687934> e na revista *The Economist* de 28 de dezembro de 2015 <https://www.economist.com/united-states/2015/12/28/how-three-teenagers-invented-an-app-to-police-the-cops>. Acesso em: 28 maio 2021.

2. Três alunas da middle school, na Columbia, no estado norte-americano da Carolina do Sul, imprimiram mãos protéticas em uma impressora 3D usando arquivos gratuitos do site da organização sem fins lucrativos e-NABLE[9]. Em seguida, as meninas usaram a internet para encontrar outras crianças e jovens que precisavam dessas próteses e projetaram uma mão para cada um deles, distribuindo-as em um evento ao estilo "maratona das mãos". Eventos semelhantes já se espalharam por muitas escolas.[10]

3. Um garoto de 14 anos de Washington, DC, capital dos Estados Unidos, percebeu que os restaurantes visitados por sua família jogavam fora todos os gizes de cera que eram dados às crianças enquanto esperavam suas refeições. Inspirado pelo que aprendera em um curso extracurricular de empreendedorismo que ele fazia após o horário normal da escola, Yoni Kalin fundou uma organização sem fins lucrativos chamada Color My World [Encha meu mundo de cores], com o propósito de coletar, higienizar e redistribuir os gizes de cera usados para crianças que não têm condições de comprá-los. Organizou estudantes de

---

9 Disponível em: <www.enablingthefuture.org>. Acesso em: 28 maio 2021.
10 Mãos protéticas tridimensionais (3D), cuja impressão foi promovida pelo site <www.enablethefuture.org>, também foram impressas para estudantes em Widbey, estado norte-americano de Washington, e em outras escolas. Disponível em: <www.whidbeynewstimes.com/news/328738521.html#>. Acesso em: 28 maio 2021. A ideia espalhou-se ainda para as faculdades, e o primeiro Handathon [Maratona das Mãos] anual de Seattle foi realizado pelo Laboratório de Habilidade e Inovação da Universidade de Washington em 2015.

middle school, high school e college para dedicar seu tempo a essa causa.[11] Há também uma lista com mais exemplos de estudantes empreendedores no capítulo "O que crianças e jovens são capazes de realizar".

4. Uma turma de crianças de nove anos de idade do 4ª série da cidade de North Platte, no estado norte-americano de Nebraska, foi informada por sua professora acerca de uma "solicitação formal de proposta" da comunidade local requerendo a abertura de um novo parque aquático. Os estudantes responderam formando equipes para projetar o parque de acordo com suas próprias necessidades. Eles fizeram pressão junto à câmara de vereadores do município e, por fim, suas ideias foram incorporadas aos planos do escritório de arquitetura que venceu a licitação para a realização da obra.[12]

5. Uma turma de high school de Westlaco, no estado norte-americano do Texas, ouviu de um professor que o radiotelescópio de Arecibo (em Porto Rico) – uma das maiores antenas parabólicas do mundo – estava ficando impreciso devido ao acúmulo de algas e detritos. Sob a orientação do professor, que os colocou em contato com os cientistas de Arecibo, os estudantes

---

11 Saiba mais no site: <www.colormyworldproject.org>. Acesso em: 28 maio 2021. Há vídeos disponíveis no link: <www.colormyworldproject.org/press/>. Acesso em: 28 maio 2021. Yoni Kalin, então com 16 anos de idade, fez um curso de empreendedorismo na Learn Serve International, organização à qual ele credita a ajuda pela transformação de sua ideia de redistribuir gizes de cera usados em uma ação de grande escala.

12 O superintendente na época era David Engle.

começaram a projetar um sistema robótico complexo, atualmente em fase de protótipo, para a limpeza e manutenção da enorme parabólica.[13]

6. Em Port Townsend, cidadezinha do estado norte-americano de Washington, alunos de high school perceberam que muitos dos velhos barcos a vela de madeira de sua histórica comunidade marítima estavam caindo aos pedaços por falta de manutenção. Desejosos de tornar sua educação mais real, vinculando suas escolas à comunidade, deram início a um projeto para se conectarem às tradições históricas, restaurando as embarcações em mau estado de conservação, sob a orientação dos antigos mestres artesãos da comunidade.[14]

7. Quando soube que sua escola era obrigada por lei a enviar um relatório ambiental, uma turma da 6ª série se ofereceu voluntariamente para elaborar o relatório no lugar dos consultores que, no ano anterior, haviam cobrado caro pelo trabalho. A escola aceitou a oferta das crianças de 12 anos de idade e o relatório foi apresentado e aceito pelas autoridades

---

13 O primeiro instrutor a descrever a necessidade dos alunos nas aulas de estágio que ele coordenava foi Heriberto Reynoso.
14 Port Townsend estava sob a liderança do superintendente David Engle. Por meio da Iniciativa Escolar de Descoberta Marítima que ele criou, Engle ajudou a estabelecer laços estreitos entre a comunidade local, que se dedica a atividades marítimas (ali se realiza um Festival Anual de Barcos de Madeira), o Centro Marítimo do Noroeste dos Estados Unidos, o Centro de Ciências Marinhas, o projeto Sound Experience e seu barco de madeira *Adventurer*, e as escolas públicas de Port Townsend.

do governo, tornando-se muito mais do que "apenas um exercício".¹⁵

8. Dois estudantes da high school, no estado norte-americano do Colorado, projetaram e construíram um controlador robótico personalizado que permitiu que um aluno de sete anos de idade, gravemente incapacitado, participasse remotamente das aulas. Por conta de suas limitações motoras, toda a capacidade física do menino dependia de um travesseiro sensível à pressão, um dispositivo especialmente projetado para ele – que agora passou a ser usado para controlar um computador comercial sobre rodas, dentro e fora de suas aulas.¹⁶

9. Um menino de seis anos em Ontário, Canadá, ouviu de seu professor que muitas escolas na África careciam de água potável e saneamento adequado. Ainda na 1ª série, ele criou a Ryan's Well Foundation [Fundação de Poços do Ryan], cujos voluntários já cavaram mais de mil poços, possibilitando acesso a água potável e melhor saneamento para mais de 714 mil pessoas em 16 países.¹⁷

---

15 Fiquei sabendo disso em conversa pessoal com um administrador de escola. No entanto, é o único projeto que não consegui rastrear especificamente. Se você souber de algo a respeito, entre em contato comigo. Assim que eu o localizar, publicarei a referência on-line.
16 Os jovens cursavam aulas de engenharia na high school da Castle View High School, no condado de Douglas, estado norte-americano do Colorado, ministradas por Robert Hazelhurst.
17 O menino de seis anos é Ryan Hreljac. Informações sobre Ryan e a fundação que ele criou podem ser encontradas no link: <www.ryanswell.ca>. Acesso em: 28 maio 2021.

10. Depois que cortes orçamentários eliminaram o cargo de monitores de água financiados pelo governo, alunos da high school, da High Tech High, em San Diego, estado da Califórnia, aprenderam a usar o complexo equipamento de monitoramento de água que o governo havia comprado, mas que continuava ocioso por causa do cancelamento das verbas para a realização de testes. Os estudantes retomaram o monitoramento, trabalho de grande utilidade, e quando o governo se recusou a aceitar "oficialmente" os dados apresentados pelos alunos, eles os publicaram on-line para o uso da comunidade.[18]

O que é característico de cada um desses projetos é que eles fazem mais do que apenas ajudar crianças e jovens a aprender. É claro que há aprendizagem envolvida, mas ela não é a "finalidade" dos projetos. O objetivo, e o que é importante, é que as crianças realizem algo útil *que melhore o mundo* delas, enquanto, no processo, aprendem ao fazê-lo.

Aprendizagem, por si só, não é educação

Hoje em dia, a "aprendizagem" está no topo da pauta de prioridades daqueles que se consideram educadores. Frequentemente ouço, em declarações públicas, a frase "Aprender a aprender é a habilidade mais importante que as crianças podem ter". Sem diminuir a utilidade da aprendizagem e o valor de ajudar crianças e jovens a aprender,

---
18 Esse projeto foi descrito ao autor em uma visita pessoal à escola.

acho que cometemos um erro ao colocar a aprendizagem no topo da pirâmide de necessidade de crianças e jovens e no topo da educação. Acredito que "realizar" é a principal habilidade que todas as pessoas precisam, e que a aprendizagem é somente um meio para a realização. Nem mesmo aprender a realizar algo é suficiente – na verdade, você precisa *fazer* algo.

Como seres humanos, é inevitável aprendermos – todos aprendem à medida que passam pela vida. Mas nem todo o mundo, bem menos do que gostaríamos, realiza algo real.

Acredito que a melhor maneira de entender a educação é compreender o processo de preparação de crianças e jovens para que atinjam seus objetivos – e não necessariamente os nossos. A habilidade de que eles mais precisam para fazer isso é a de realização, em qualquer área pela qual se apaixonem – a aprendizagem sendo um meio facilitador para alcançá-la. Como adultos, acredito que temos uma responsabilidade para com crianças e jovens, no sentido de ajudá-los a direcionar sua aprendizagem para as realizações que serão mais úteis, a fim de que alcancem seus objetivos no futuro. Tenho grandes esperanças de que, entre seus objetivos, incluem-se o desejo de se tornarem, de alguma maneira bastante singular, pessoas boas, competentes e que melhoram o mundo. Eu ainda acredito – e acho que os jovens também, talvez hoje mais do que no passado – que a educação deveria nortear as suas habilidades para melhorar não apenas sua própria vida, mas também seu mundo. Não da maneira como nós o vemos, mas como eles o veem.

Portanto, a *aprendizagem*, como um fim em si mesma, não é – e não deveria ser, a meu ver – o objetivo principal dos alunos ou a meta fundamental da educação que eles recebem. Sugiro que nos concentremos menos na aprendizagem como a finalidade de nossas discussões e práticas educacionais, e mais em dar a crianças e jovens a melhor preparação possível para que alcancem seus objetivos. Isso significa garantir que sua educação consista em realizações no mundo. E o objetivo dessas realizações deve ser: melhorar o mundo em que eles vivem.

> O objetivo essencial da educação deve ser uma realização que melhore o mundo, sendo a aprendizagem uma habilidade para isso.

Esse, acredito, é o novo modelo de educação que vem surgindo.

RECONCILIANDO DUAS TRADIÇÕES EDUCACIONAIS: "PENSAMENTO" E "REALIZAÇÃO"

Muitos pensam que o modelo e o processo acadêmico de aprendizagem são as únicas tradições educacionais que temos – e as únicas maneiras de implementar e realizar a educação. Mas o fato é que existem *duas* grandes tradições educacionais históricas no mundo.

A primeira, a mais antiga e mais ampla delas, é a tradição de interação entre duas pessoas: pai/mãe-filho, mestre-aprendiz e mentor-mentorado. Desconfio que essa tradição remonta aos primórdios da humanidade. Pessoas mostrando a outras pessoas, principalmente em uma comunicação individualizada, como pensar, agir, relacionar-se com os outros e concretizar realizações de maneira efetiva. As pessoas usavam esse tipo de educação para aprender a fazer as coisas e ensinavam outras a fazê--las – na maioria das vezes, mostrando e fazendo. Assim arregimentaram numerosas forças de trabalho e exércitos, construíram empresas e aprenderam a gerenciá-las – transmitindo esse conhecimento na base do contato pessoal e individual. Formaram guildas e outras organizações para preservar e disseminar (para aqueles que julgavam dignos) o que sabiam. Quando a escrita foi inventada, eles a usaram para contabilidade, planejamento, construção e manutenção de registros.

A segunda grande tradição teve início quando certas pessoas começaram a se preocupar com o mundo de maneiras particularmente reflexivas, contemplativas e relacionadas ao pensamento. Algumas delas queriam compreender melhor o mundo. Outras queriam investigar profundamente nossa relação com Deus (ou os deuses) e com a espiritualidade. Algumas, ainda, queriam entender melhor os indivíduos e o próprio pensamento. Outras queriam criar novos conhecimentos. Embora o pensamento, é claro, seja universal – todo mundo pensa –, o pensamento disciplinado, isto é, o pensamento no sentido da atividade cognitiva e racional que segue certos padrões, regras e procedimentos úteis e rigorosos, deve ser aprendido e praticado. Essa área específica tornou-se o domínio e a especialidade dessa tradição e desse grupo. Com o decorrer do tempo, foram estabelecidos fóruns, universidades e ordens religiosas, muitas vezes deliberadamente exclusivas. Essas instituições reuniram discípulos, que ajudaram a compartilhar e disseminar seus pensamentos. Eles transmitiam, uns aos outros, o que sabiam e haviam aprendido, geralmente em grupos e por meio de elaborados rituais. Quando a escrita foi inventada, eles descreveram o que sabiam e reuniram todo esse conhecimento em bibliotecas.

Podemos chamar essas duas heranças culturais de tradição das "realizações" e tradição "acadêmica" (ou do "pensamento") da educação. As duas se desenvolveram separadamente ao longo dos séculos. Hoje, ambas terminaram em espaços separados. A acadêmica foi parar nas nossas escolas, destinada a crianças e jovens, enquanto a das realizações foi parar nos locais de trabalho, destinada aos adultos.

O resultado é que, em muitos casos, as pessoas agoram precisam de *duas* educações. Após concluírem a educação acadêmica nas escolas, o local de trabalho costuma servir como uma necessária segunda educação, que mostra às pessoas como realizar e agregar valor ao mundo – algo que nossas atuais escolas não fazem. Cada vez mais, os empregadores se queixam do fato de que precisam reeducar as pessoas, instruindo-as a agregar valor à instituição, mesmo depois de todos os anos que elas passaram na escola. É uma combinação de duas coisas: habilidades que são ensinadas na escola e não estão sendo aplicadas, e aptidões necessárias para a realização, mas que não estão sendo ensinadas nas escolas. Trata-se de uma maneira incrivelmente ineficiente – e cada vez mais ineficaz – de educar crianças e jovens. É tanto desnecessário quanto um desperdício.

Precisamos reconciliar as duas tradições. Recompor o elo quebrado entre a educação norteada pelo desempenho acadêmico e a voltada para as realizações no mundo – entre as escolas e os empregos e profissões da vida adulta. Já estamos vendo, por toda parte, o surgimento de *startups* que tentam combinar as duas tradições, propiciando a crianças, jovens e adultos desempregados ou subempregados habilidades que são úteis no local de trabalho, ajudando essas pessoas a reconhecer aquelas que já possuem, a identificar quais podem estar faltando e a encontrar maneiras de adquiri-las. Por exemplo:

- A Freeformers, uma empresa no Reino Unido, mostra a uma diversidade de adultos de que modo as habilidades que eles já possuem podem ser úteis para as empresas.
- A Potential.ly, também uma empresa britânica, ajuda as pessoas a entenderem melhor sua personalidade, a fim de maximizar seu potencial.

Agora, enfim, começa-se a encontrar uma maneira de unir as duas tradições nas escolas – fazendo a educação de crianças e jovens girar em torno de realizações no mundo real.

Uma barreira crucial que precisamos superar a fim de recombinar essas duas grandes tradições e uni-las em uma só educação é a desconfiança que cada um dos lados, ao longo do tempo, desenvolveu em relação ao outro. À medida que a escola se expandia para atender a populações maiores, muitos acadêmicos alimentaram a crença de que a "verdadeira educação" deveria tratar apenas de desenvolver a mente, considerando como algo de valor inferior tudo aquilo que *não* dizia respeito ao pensamento. E, na opinião de muitos "realizadores", a escola não fazia o suficiente para ajudar crianças e jovens a se prepararem para o mundo e não lhes oferecia todas as ferramentas e habilidades necessárias para que eles atingissem seus objetivos. Alguns acadêmicos começaram a atribuir diferentes nomes a qualquer coisa na educação que *não fosse* fundamentalmente centrada no pensamento, aplicando-lhes rótulos como "treinamento". Conjuntos de habilidades muito importantes, como a capacidade de agir, relacionar-se e realizar, foram ignorados ou desvalorizados no ambiente escolar, muitas vezes rotulados de maneira simplista e inadequada como "geral", "técnico/profissionalizante"[19] ou "vocacional" (a ironia aqui é que a educação acadêmica é, em certo sentido, "treinamento vocacional para intelectuais"). Hoje, crianças e jovens que se saem bem no meio escolar costumam ser incentivados a *não fazer outra coisa* além de aulas acadêmicas de nível avançado, exames de proficiência e rigorosas aulas preparatórias. As habilidades de ação e relacionamento são quase sempre chamadas, depreciativamente, de "amenas", coisas de menor importância. Com raras exceções, os acadêmicos nunca permitem a presença, em sala de aula e de forma séria, de especialistas em tipos de realização que ocorrem no mundo adulto – exceto quando os convidam para dar palestras, aulas práticas e cursos sobre "assuntos profissionais" e "ofícios", a exemplo de mecânica de automóveis ou oficina de máquinas, a que quase ninguém atribui importância. Embora alguns países – em particular na Europa – tenham criado dois programas de estudos e currículos, o nível profissionalizante é invariavelmente visto pelos acadêmicos como "inferior". As respeitadíssimas realizações no mundo real tornaram-se quase inexistentes nas escolas acadêmicas.

---

19 *Second track*, no original: diferenciação curricular dentro de um mesmo nível de ensino, o conceito de *tracking* em geral diz respeito a práticas que levam à escolha de uma trajetória especificamente acadêmica ou técnica/profissionalizante para os estudantes – característica de sistemas educacionais duais. Contudo, no contexto norte-americano, refere-se ao *tracking* como a escolha de disciplinas específicas, no decorrer da high school, de caráter acadêmico (pré-requisitos para a entrada na faculdade), ou de disciplinas mais técnicas/profissionalizantes. Confunde-se com a prática de *ability grouping*, ou agrupamento por habilidades, que diz respeito à divisão de turmas de uma mesma série de acordo com o desempenho escolar dos alunos. (N.T.)

Como resultado, o que surgiu em muitas de nossas escolas é a falsa noção de que *a educação se resume ao ato de pensar*. Assim, cada vez mais empresas, constatando que a maioria das habilidades de realização estava ausente da educação básica, iniciaram seus próprios programas de educação formal.

Unindo as duas tradições

A maneira como as coisas evoluíram não ajuda em nada. Não chega nem perto do melhor que podemos fazer no momento em que, de repente, crianças e jovens conseguem realizar tantas coisas. É preciso haver uma maneira melhor de combinar as tradições do pensamento e das realizações, e acredito que é nessa direção que estamos rumando. Agora, no início do terceiro milênio, o modelo da educação básica está mudando, de maneira lenta, mas inexorável, deixando de ser apenas a tradição do pensamento para combinar as duas tradições, a do pensamento e a das realizações, de uma maneira nova – por meio de projetos do mundo real.

Isso é bom para todos nós.

> O modelo educacional do ensino básico está mudando – de crianças e jovens que aprendem sobre o mundo, para crianças e jovens que efetivamente melhoram o mundo enquanto estudam.

EDUCAÇÃO PARA MELHORAR O MUNDO
Os novos fins e meios para o surgimento de uma educação básica alternativa

Em suma, o que hoje oferecemos às crianças e aos jovens como educação básica no mundo está errado com relação ao seu próprio futuro. Um novo tipo de educação está vindo à tona, e o mapa está ficando claro.

O que um número cada vez maior de pessoas começa a ver é que nossa educação atual está no rumo errado, *não* porque não tenhamos adicionado a ela tecnologia suficiente ou quantidade apropriada das pretensas habilidades para o século XXI, ou ainda porque não oferecemos a todos, em igual medida, acesso à educação, tampouco porque não tenhamos tentado implementar melhorias paliativas, graduais e quase imperceptíveis no sistema educacional.

A educação básica atual está no rumo errado para o futuro porque ela tem em mente – e nós também – finalidades e objetivos errados. Até agora, a educação girou em torno do interesse pela melhoria dos indivíduos. O que a educação deve almejar no futuro é melhorar o mundo – e, nesse processo, fazer com que as pessoas melhorem.

Por que novos fins?

Durante séculos, a educação formal – ministrada por meio do sistema mestre-aprendiz e agora universalmente fornecida pelo "modelo acadêmico" de escolas, salas de aula, ensino convencional, cursos e notas – girou em torno do aprimoramento e desempenho individual. O pressuposto é o de que, se cada um, por si próprio, aprender o básico e fizer o máximo de progresso de que for capaz, quando sua educação terminar, a pessoa estará pronta para levar uma vida melhor, e com sorte (mas de maneira alguma isto é uma certeza) melhorar o mundo.

Pode ser que outrora as finalidades relacionadas a melhorar as pessoas tenham sido as mais apropriadas para o mundo e para crianças e jovens. Mas já não são mais as corretas para o futuro.

No futuro, o propósito da educação – a razão pela qual educamos – deve ser melhorar seu mundo. Não de modo indireto – algum dia, quando forem adultos –, mas imediatamente, enquanto crianças e jovens estão inseridos no processo educacional, como um resultado imediato e direto desse processo.

Por que está na hora dessa grande mudança nas finalidades da educação? Primeiro, porque o mundo precisa dessa virada – não podemos mais nos dar ao luxo de desperdiçar uma larga porcentagem do nosso potencial humano de melhorar o mundo em que vivemos, enquanto aguardamos que nossos filhos cresçam. Em segundo lugar, porque com a tecnologia, é possível implementar melhorias no mundo em larga escala. Hoje, se estivermos dispostos a fazer acontecer, criança e jovens em idade escolar podem melhorar o mundo – quase sem custo adicional e com imensos benefícios – de maneiras antes impossíveis. A conexão entre o êxito da aprendizagem acadêmica e o aprimoramento do mundo é, na melhor das hipóteses, tênue. Muito mais direta é a conexão entre as realizações das pessoas quando ainda são estudantes e a melhoria do mundo efetuada por elas na vida adulta.

Crianças que agregam valor

No entanto, hoje, em um momento no qual o mundo precisa de toda a ajuda possível, nós literalmente ignoramos e efetivamente jogamos fora o novo potencial que as pessoas em idade escolar – uma significativa porção da população – têm de agregar valor. O desperdício talvez seja ainda maior no caso de crianças pequenas, porque, de alguma forma, decidimos que elas não têm nenhum valor a acrescentar ao mundo – por meio do nosso sistema educacional – até que nós as ensinemos e cheguem à vida adulta.

Contudo, como vimos nos exemplos do capítulo "Projetos reais para melhorar o mundo", os jovens de hoje não estão mais engolindo esse argumento ilusório, e nós também não deveríamos aceitá-lo.

Crianças e jovens da atualidade, em toda parte, sabem que podem agregar valor ao mundo. E estão, cada vez mais, arregaçando as mangas e fazendo-o por conta própria ou – quando têm sorte – contando com o apoio de adultos e de programas.

Crianças estão projetando novos produtos e equipamentos para tornar mais seguras as vidas das pessoas – por exemplo, novas maneiras de dessalinizar a água[20]. Crianças de dez e 11 anos de idade têm inventado maneiras de ajudar a superar desastres naturais[21] e realizado trabalhos para o governo, como o de criptografia[22]. Adolescentes estão inventando formas de fabricar plástico a partir de resíduos, instalando e atualizando redes de computadores, enquanto também testam a qualidade da água e restauram artefatos históricos. Crianças e jovens de todas as idades e gêneros vêm criando empresas e ONGs para resolver problemas mundiais. O que está sendo feito hoje em dia por eles já é incrível, mas seu potencial praticamente não foi aproveitado.

Estamos no início de algo completamente novo e positivo – crianças e jovens em idade escolar capazes de melhorar o mundo de maneiras úteis, mensuráveis e não exploradoras. Agora precisamos, acima de tudo, que nossa educação incentive ainda mais esse processo.

Por que agora?

Entramos em um momento histórico no qual imensas mudanças tecnológicas e sociais estão ocorrendo a uma taxa exponencialmente acelerada – uma época em que

---

20 Veja em: <https://youtu.be/oQWGCnq6Cgo>. Acesso em: 28 maio 2021.
21 As crianças no Haiti aprenderam a consertar semáforos quebrados.
22 O caso do criptógrafo de 11 anos de idade (cujo nome foi mantido em sigilo por razões óbvias) foi apresentado ao autor por um amigo com autorização de acesso a informações de altíssimo nível de segurança.

grande parte do que costumava levar décadas agora acontece, literalmente, em nanossegundos, e um mundo onde atitudes, estabelecidas ao longo de gerações, estão sendo alteradas (a privacidade, por exemplo) quase da noite para o dia. Embora existam muitos aspectos desconhecidos aos quais deveríamos estar atentos, esses novos ambientes e contextos já começaram a empoderar crianças e jovens de um modo nunca visto. Tanto a *tecnologia* quanto o *contexto* vêm ampliando com rapidez a mente e as capacidades dos jovens, dando-lhes poderes que são completamente novos. Pense em todos os recursos – de vídeo, de cálculo, de pesquisa, de tradução, de supercomputação e até de geolocalização – já disponíveis no bolso de muitas crianças. Agora, imagine a força desses recursos no dia de amanhã. E o mais extraordinário de todos os empoderamentos vem da crescente *conectividade* dos jovens – que se interligam uns aos outros, com todo o conhecimento do mundo e todas as pessoas no planeta. Temos, neste momento, a primeira geração verdadeiramente horizontal e globalmente conectada. Precisamos aprender a educar esses jovens para o mundo em que eles viverão no futuro.

A ideia de "plasticidade cerebral" – os cérebros sofrem alterações em resposta ao ambiente e às informações – é uma das mais extraordinárias novidades em termos de discernimento do último quarto de século, graças ao trabalho da neurociência. Ainda estamos aprendendo sobre como o cérebro "plástico" das crianças reage a seu novo ambiente. Mas sabemos com certeza que os jovens que agora estamos incumbidos de educar podem ser considerados "mentes ampliadas e conectadas em rede", mentes que devemos examinar cuidadosamente e das quais devemos tirar proveito, em conjunto com eles. Eles não são mais os jovens que fomos – isto é, crianças que precisavam ser ensinadas por adultos antes que fossem capazes de agir. São pessoas que detêm o poder – enquanto ainda são crianças e jovens e com orientação adequada – para melhorar enormemente o mundo: em âmbito pessoal, local e global.

Uma nova mentalidade

A educação desses jovens deveria ter como eixo exatamente isto: empoderá-los ainda mais, ajudando-os a aplicar sua paixão individual e coletiva, de modo a tornar o mundo um lugar melhor. Nossa educação deve ter como finalidade melhorar o mundo e transformar cada jovem em um adulto bom, eficiente e em condições de fazê-lo.

Já temos as ferramentas necessárias para isso, mas nos falta a mentalidade. Em todos os lugares a educação está presa a uma "mentalidade acadêmica" de "primeiro aprenda, depois aja no mundo", que dominou por completo a educação nos últimos cem anos.

Hoje, a educação acadêmica é onipresente – embora com uma ampla gama de qualidade e sucesso. É, de fato, a única educação que temos. Nossos atuais sistemas educacionais pedem às crianças e jovens recém-empoderados praticamente as mesmas coisas que temos pedido a crianças e jovens nos últimos cem anos: aprender conteúdos e habilidades em uma gama restrita e limitada de assuntos, atingir bons resultados acadêmicos e obter boas notas, ter sucesso dentro do sistema (isto é, formar-se) e – mesmo nesta nova era das redes – "fazer o próprio trabalho" e alcançar conquistas individuais.

A "bagunça"

A educação básica acadêmica norte-americana baseia-se, quase universalmente, em um currículo rigoroso, restrito a matemática, língua inglesa, ciências e estudos sociais – formando, em inglês, o acrônimo MESS (de *M*ath, *E*nglish, *S*cience, *S*ocial studies), palavra que significa "bagunça, baderna, desordem, confusão", o que, no caso, é bastante apropriado. A educação acadêmica é calcada, fundamentalmente, na premissa de "aprenda o conteúdo MESS primeiro, para que só então você tenha condições de realizar algo". Quase tudo o que acontece hoje sob o nome de reforma educacional gira em torno de melhorar o MESS e a educação acadêmica – para atender um número maior de crianças e jovens carentes, adicionar novos tipos de escola (por exemplo, as escolas *charter*[23]),

---

[23] Surgidas nos Estados Unidos no início da década de 1990, as *charter schools* são escolas financiadas pelo setor público e administradas por associações, universidades ou empresas, que têm mais autonomia em relação às escolas públicas tradicionais. Nesse modelo de gestão compartilhada firmada por um contrato ou alvará de gestão (um *charter*, em inglês) entre o governo e uma instituição privada, as escolas *charter* – que funcionam com fundos públicos e, por isso, não podem cobrar mensalidades – devem atingir as metas de qualidade previstas no contrato que as instituiu, sendo livres para propor um projeto pedagógico supostamente inovador, desde que respeitem as diretrizes impostas pelo Ministério da Educação ou órgão equivalente. Além disso, as escolas *charter* têm mais liberdade que os colégios da rede oficial para

incluir mais disciplinas da área de ciências, tecnologia, engenharia e matemática (os chamados STEM, acrônimo formado pelas palavras *Science*, *Technology*, *Engineering* e *Math*), ampliar as chamadas "habilidades do século XXI", ou acrescentar uma dose cada vez maior de tecnologia.

A educação acadêmica de ontem já não é mais suficiente – mesmo que implementemos pequenas mudanças

As crianças e jovens empoderados de hoje e de amanhã não precisam de uma educação acadêmica melhorada – não é isso o que eles querem, porque é algo que não se encaixa mais no mundo em que vivem. Essas crianças e jovens, já e cada vez mais empoderados, precisam de uma educação que os empodere ainda mais. Precisam, querem e merecem uma educação que lhes permita fazer do mundo um lugar melhor – isto é, uma "educação para melhorar o mundo", por assim dizer. Precisam de uma educação que se desloque do modelo acadêmico de "aprenda agora para que tenha condições de realizar mais tarde" para um novo modelo de "realize agora e aprenda enquanto faz". Precisam de uma educação que lhes permita, enquanto ainda são estudantes, envolver-se continuamente na con-

---

administrar seus recursos e contratar e demitir professores. Nos Estados Unidos, devido à elevada quantidade de alunos que pleiteiam um número restrito de vagas, a distribuição é feita por meio de sorteio. O sistema de *voucher schools* consiste no subsídio (*voucher*) oferecido pelo Estado às famílias, para que elas paguem a escola em que desejam que os filhos estudem. (N.T.)

cretização de projetos que melhorem o mundo, em âmbito local e global. E, felizmente, o plano de uma Educação para Melhorar o Mundo está começando a despontar em todo o planeta.

Educação para melhorar o mundo: melhor para as crianças e jovens, melhor para todos nós

O que podemos – e devemos – pedir agora às empoderadas crianças e jovens do futuro é que se eduquem por meio da efetiva melhoria do mundo, de qualquer maneira que as inspire, utilizando e aplicando nele plenamente suas paixões e habilidades singulares – e não mais por meio da aprendizagem de conjuntos de conhecimentos e habilidades predeterminados, que serão usados depois. Deveríamos pedir – e ensinar – que não melhorem seu mundo algum dia, quando se tornarem adultos, mas agora, enquanto ainda estão na escola e ainda são estudantes. Deveríamos pedir que concluam sua formação educacional com base em suas paixões pessoais aplicadas, e não em um "bagunçado" e rigoroso conteúdo curricular MESS universal.

Melhorar seu mundo pessoal, local e global é precisamente o que os jovens de hoje *querem* fazer e que *podem* fazer com seu potencial e conectividade recém-aprimorados. Sem dúvida, é disso que o mundo precisa. Imagine (como fizemos no início deste livro) se alguma nação declarasse oficialmente que a educação, no futuro, teria como foco único e prioritário a melhoria do país – utilizando o potencial dos estudantes para fazê-lo de inúmeras maneiras (e levando-os a melhorarem a si mesmos durante esse processo). O quanto esse país poderia ser aprimorado?

Hoje, não existe, em lugar algum, um modelo formalmente estabelecido em que crianças e jovens melhorem o mundo como parte de sua educação. Mas poderíamos – e deveríamos – fazer isso no futuro. É isso que eles querem, é disso que o mundo precisa, e é assim que deveria ser a nossa educação básica. As crianças e jovens precisam de uma Educação para Melhorar o Mundo – eles a merecem.

Um aprendiz do mundo

A Educação para Melhorar o Mundo é, em certo sentido, uma atualização, para o terceiro milênio, dos dois modelos de aprendizagem que serviram como fórmula educacional durante milhares de anos, antes que o modelo acadêmico se apoderasse de nossas escolas. A Educação para Melhorar o Mundo tem a ver com estudantes, na acepção do século XXI, "sendo aprendizes do mundo" – usando todos os seus novos poderes e a conectividade para se tornarem pessoas capazes de realizações efetivas – antes de saírem da escola.

O que habilita os jovens a melhorarem o seu redor não é apenas sua paixão, mas sua *paixão aplicada*. Essa nova educação, baseada em realizações no mundo real, permite que os jovens apliquem sua paixão, qualquer que seja ela, tanto para resolver os problemas quanto para se tornarem aquilo que desejam ser e que queremos que eles sejam – isto é, pessoas boas, competentes e aptas a melhorar o mundo em suas próprias áreas de interesse. A nova educação é concebida para ajudar crianças e jovens a identificar precocemente suas áreas de interesse, a compreender verdadeiramente suas paixões únicas e capacidades singulares, e a conectar esses interesses, aptidões e paixões aos tipos de projetos do mundo que os ampliam para que atinjam seu pleno potencial como seres humanos.

O modelo de Empoderamento para Melhorar o Mundo é uma educação muito melhor, tanto para as crianças e jovens de amanhã, quanto para todos nós. Para os estudantes porque lhes oferece – além de conhecimento e habilidades – independência, paixão aplicada, forte senso de realização, junto ao entendimento de como eles se encaixam no mundo futuro. E para nós, porque libera enormes quantidades de potencial não utilizado – o de nossos estudantes – para aprimorar nossas comunidades e nosso planeta.

Nunca antes viável

Um modelo de educação básica calcado no mundo real não era viável no passado – crianças e jovens da educação básica eram impotentes demais e muito isolados. Porém, na nova era de crianças e jovens de mentes ampliadas e conectadas em rede, empoderá-los é o melhor – e talvez o único – caminho para levar nossa educação adiante. O antigo modelo acadêmico, individual, ao estilo "aprenda antes de fazer" está morrendo. O mundo está dando à luz um novo modelo de educação básica.

Até agora, o modelo educacional de Empoderamento para Melhorar o Mundo ainda não está totalmente implementado em lugar algum, mas sem dúvida está a caminho. Estamos começando a ver os elementos dessa nova educação despontando, em todos os níveis, em lugares e bolsões espalhados pelo globo. Já há diretorias de ensino e programas educacionais cujo objetivo é melhorar o mundo. A educação *constituída* por projetos do mundo já está acontecendo – em cursos profissionais, por exemplo, nas áreas de medicina e administração de empresas, em locais de trabalho, em faculdades e, recentemente, em escolas de educação básica, privadas e públicas. Estamos vendo o surgimento de novas grades curriculares, com elementos como aprendizagem social/emocional que antes estavam ausentes; professores que deixaram de ser meros fornecedores de conteúdo para se tornarem tutores de projetos; a tecnologia ser usada para fazer coisas novas e extraordinárias; o despontar de organizações fora das escolas, a exemplo da Ashoka[24], que incentiva crianças e jovens a se tornarem "agentes de mudança", isto é, pessoas que fazem a diferença[25]. Cada vez mais

---

24 A Ashoka <ashoka.org> é uma organização não governamental sem fins lucrativos cuja missão é "promover um mundo em que todos façam a diferença, em que qualquer pessoa possa aplicar as habilidades da mudança para resolver problemas sociais complexos".

25 A ONG Ashoka Empreendedores Sociais cunhou o termo *changemaker* para definir a "pessoa que deseja mudar o mundo e que, reunindo conhecimento e recursos, faz essa mudança acontecer". Em artigo publicado no jornal *The New York Times*, Bill Drayton, fundador e diretor-executivo da Ashoka, explicou: "Os agentes de mudança são pessoas capazes de ver os padrões ao seu redor, identificar os problemas em qualquer situação, descobrir maneiras de resolvê-los, organizar equipes fluidas, liderar ações coletivas e, em seguida, adaptar-se continuamente conforme necessário". (N.T.)

estamos ouvindo crianças e jovens dizerem que querem mudar o mundo e realmente arregaçam suas mangas e saem por aí para fazer isso – não necessariamente com ações mirabolantes e grandiosas, mas, ao contrário, como afirma o pioneiro da internet Vint Cerf, "propondo-se todos os dias a melhorar a vida de alguém (independentemente de quantas pessoas)"[26].

O mundo da educação básica está entrando em um período de transição, do ensino acadêmico para as realizações no mundo real, com os dois planos coexistindo lado a lado por algum tempo. Mas a educação acadêmica é o passado. O Empoderamento para Melhorar o Mundo é o futuro da educação. E, como todos sabemos, o futuro está chegando em ritmo acelerado.

Novos fins, novos meios, novo suporte

Em síntese, os grandes diferenciais entre a educação acadêmica de hoje e o empoderamento de amanhã para a Educação para Melhorar o Mundo são os seguintes:

- **Novos fins:** os "fins" da educação acadêmica, de hoje, são conquistas individuais, geralmente expressas na forma de notas, pontuações e classificações. Os fins da Educação para Melhorar o Mundo, de amanhã, são aperfeiçoar o mundo – e, nesse processo, os estudantes tornam-se pessoas boas, competentes e capazes de fazer do mundo um lugar melhor.

---

26 Mensagem de um e-mail pessoal de Vint Cerf.

- **Novos meios:** os meios da educação acadêmica são séries de cursos que vão sendo concluídos com sucesso em conjunto e sequência. Os meios da Educação para Melhorar o Mundo são projetos do mundo real de âmbito local e global, concluídos em equipes, de maneira a aumentar a capacidade geral dos estudantes de realizar as coisas com eficiência e utilizar sua paixão aplicada. Devemos ajudar nossos alunos a reconhecer problemas potencialmente solucionáveis em seu mundo e convertê-los em projetos. Com tantos problemas e oportunidades em nosso mundo, esses projetos jamais serão escassos. Há escolas que já estão acrescentando à sua grade curricular o conteúdo específico "busca de problemas a serem resolvidos".

- **Um novo e mais amplo currículo de apoio:** a educação acadêmica consiste em currículos cuidadosamente construídos – elaborados principalmente com base no MESS – que fornecem, em ordem sequencial, conhecimentos e habilidades a serem absorvidos agora, para serem usados posteriormente. A Educação para Melhorar o Mundo tem um currículo muito mais amplo, quase inteiramente calcado em habilidades, que desempenha um papel de "apoio conforme a necessidade", constituído por habilidades "necessárias para todos": Pensamento Efetivo, Ação Efetiva e Relacionamentos Efetivos, resultando, com sua aplicação, em Realizações Efetivas. Essas habilidades podem ser vistas na página 121 e são adquiridas não em sequência, mas por intermédio e influência de pares, professores,

aplicações selecionadas e da internet, conforme a necessidade, para a realização de projetos.
- **Novo ensino:** em nossa educação básica acadêmica, os professores são essencialmente "fornecedores de conteúdo". Na Educação para Melhorar o Mundo, os professores são "empoderadores" e *coaches* (instrutores, orientadores) cujo trabalho é orientar os estudantes de modo a aprimorar cada vez mais a aplicação de suas paixões e interesses singulares e transformá-los em realizações efetivas no mundo real – e, nesse processo, adquirir uma variedade de habilidades essenciais de pensamento, ação e relacionamento.

Projetos do mundo real

Um elemento-chave da Educação para Melhorar o Mundo é identificar problemas do mundo e criar e conectar equipes de estudantes para resolvê-los – com supervisão e orientação de adultos (por exemplo, o professor). Isso exige que haja um suprimento constante de projetos em todos os níveis e em uma ampla variedade de áreas. Pode até ser que outrora a tarefa de encontrar esses projetos e conectar a eles as equipes de estudantes tenha sido algo assustador ou impossível, mas, com a tecnologia hoje disponível, essa é uma tarefa que está rapidamente se tornando bem menos difícil. Uma vez que eu (e possivelmente outras pessoas) já estou trabalhando nisso, em breve teremos à disposição um ou mais bancos de dados globais sobre projetos do mundo real concluídos pelos estudantes – nas áreas de governança, meio ambiente, tecnologia, ajuda descentralizada entre os estudantes, preservação histórica etc. –, com um local em que pessoas, professores, empresas e governos possam alimentar novas ideias de projeto. Os tipos de mecanismos que permitiriam a empresas e governos, entre outros, proporem problemas para os alunos resolverem, bem como combinarem os interesses dos alunos aos problemas, já existem no mundo on-line e precisam apenas ser replanejados: em sites de negócios como eBay[27] e Craigslist[28]; sites de emprego, carreiras e recrutamento como Monster e CareerBuilder; e sites de relacionamentos como Match e e-Harmony.

O mundo está apinhado de problemas a serem resolvidos – precisamos apenas criar uma metodologia que permita às crianças e aos jovens identificá-los e resolvê-los. Uma vez que a Aprendizagem Baseada em Projetos ou Aprendizagem Baseada em Problemas (ABP, ou PBL, na sigla em inglês de Project-Based Learning ou Problem-Based Learning) e metodologias semelhantes – a exemplo da Aprendizagem Baseada em Desafios, da Apple – já existem há algum tempo e muitos professores já estão familiarizados com elas, percorremos uma boa distância na trilha da metodologia de projetos – embora, infelizmente, ainda não estejamos usando a maior parte do poder desses projetos para me-

---

27 Empresa de comércio eletrônico e site de compras internacionais que reúne milhares de vendedores e anunciantes, que utilizam a plataforma para vender produtos novos ou usados. (N.T.)
28 Popular site de classificados constituído por uma rede de comunidades on-line que disponibiliza uma ampla gama de anúncios gratuitos aos usuários; além disso, possui fóruns sobre diversos assuntos. (N.T.)

lhorar de fato o mundo. Contudo, o desenvolvimento da ABP e metodologias afins tornou muito mais fácil ir para a próxima etapa, que é passar dos problemas falsos e inventados de hoje para enfoques baseados em questões reais do mundo.

Tão logo os bancos de dados e metodologias estejam disponíveis e funcionando a pleno vapor, o passo seguinte é criar um mecanismo para ajudar os alunos a identificar suas paixões e pontos fortes pessoais e, adicionalmente, um outro de recomendação específico e aplicado – algo que já somos bons em criar – para conectar os estudantes aos projetos e papéis, de escopo e nível adequados, que os ajudem a avançar. Projetos desse tipo já estão em desenvolvimento.

Os benefícios

Imagine se os jovens, após concluírem os estudos e saírem da escola, ingressarem em uma faculdade ou entrarem pela porta do escritório de um recrutador não como o fazem hoje – ou seja, munidos de um histórico escolar e (na melhor das hipóteses) uma vaga ideia do que gostariam de realizar –, mas, sim, com um currículo de realizações, incluindo dezenas de projetos concluídos ao longo da educação básica, em várias áreas e funções, e uma ideia clara das funções e projetos que melhor lhes convêm e que despertam sua paixão. Isso por si só já seria uma razão para optarmos pelo modelo Educação para Melhorar o Mundo. Mas podemos acrescentar aí os benefícios de milhares ou milhões de projetos para a melhoria do mundo realmente levados a cabo durante os anos da educação básica – projetos que adicionariam ao mundo, potencialmente, bilhões de dólares.

Como chegar lá – construindo roteiros detalhados

A descrição geral e o mapa da Educação para Melhorar o Mundo são claros, mas os detalhes ainda precisam ser elaborados e adaptados às diversas situações em todo o globo. Em âmbito individual, sistemas escolares, escolas e professores precisarão descobrir como concretizar realizações de maneira que elas funcionem para seus alunos e comunidades locais – tendo em mente que seus alunos e o mundo atual estão todos conectados. Podemos nos ajudar uns aos outros nesse processo – usando nossa conectividade e a de nossos alunos, bem como os bancos de dados globais e outras ferramentas já em desenvolvimento. E em nossa evolução rumo a uma Educação para Melhorar o Mundo, devemos ter certeza, em todas as etapas, de incluir os jovens, e confiar neles, para nos ajudar. A educação, nessa nova era, não é apenas um processo de cima para baixo, mas, sim, uma combinação muito mais forte de cima para baixo e de baixo para cima.

Para fazer isso acontecer, mais do que qualquer outra coisa, é necessário que haja uma mudança de mentalidade por parte dos pais, mães, educadores, políticos e outros adultos. É premente que todos percebam que a nossa educação acadêmica – apesar do fato de ela ter trazido todos nós, adultos, ao lugar onde estamos agora – não é mais adequada para as crianças e jovens e para o futuro.

Chegou a hora de algo novo e melhor. Aqueles que mantêm fidelidade exclusivamente à educação acadêmica e dedicam seus recursos e esforços a implementar mudanças paliativas e insignificantes à educação acadêmica – seja por meio de incrementos na tecnologia, habilidades do século XXI, STEM (ciências, tecnologia, engenharia e matemática), STEAM (as mesmas disciplinas, acrescentando as artes) ou qualquer outra coisa além de projetos reais para o mundo – o fazem em vão, e no longo prazo estão fadados a fracassar.

A educação deve fortalecer e apoiar os alunos e o futuro

No mundo de hoje, temos uma nova geração de crianças e jovens empoderados, e a única tendência que vale a pena apoiar é aquela que os torne ainda mais empoderados no futuro. Estamos diante de duas opções: acelerar essa tendência e orientá-la na direção positiva que a maioria de nós (em particular as crianças e os jovens) deseja, ou obstruir seu caminho e continuar a fazer ajustes em um sistema moribundo. O plano de execução da Educação para Melhorar o Mundo já está claro – seus *novos fins* para a melhoria do mundo; seus *novos meios* de realizações no mundo; seu *novo currículo de apoio* ao pensamento efetivo, ação efetiva, relacionamentos efetivos e realizações efetivas, de modo que os jovens adquiram essas habilidades não *antes*, mas *por meio* da concretização de projetos no mundo; e *seu novo papel de ensino*, em que os professores são *coaches/*

instrutores/orientadores/tutores, encarregados de empoderar os alunos, em vez de meros fornecedores de conteúdo.

Essa nova educação não chegará de imediato a todas as escolas – será um processo gradual, embora já esteja em andamento acelerado. No entanto, qualquer escola ou aula que atualmente ofereça *apenas* a educação acadêmica está falhando com seus estudantes, não importa quantos badulaques – iPads, aulas de mandarim ou seminários de pensamento crítico – possa acrescentar a seu conteúdo curricular. Escolas de países como a Finlândia, ou *startups* como a AltSchool[29] e a Summit Public Schools[30] já estão migrando para planos mistos – por exemplo, mesclando aulas acadêmicas convencionais pela manhã e projetos de melhoria do mundo à tarde. Escolas com longa tradição em pôr em prática "projetos de serviço social" têm adicionado mais atividades dessa natureza à sua programação e lhes dado mais importância.

---

29 Criada por Max Ventilla, um ex-colaborador da Google e empreendedor do Vale do Silício, nos Estados Unidos, a AltSchool é um conceito de escolas alternativas que trabalha para desenvolver uma tecnologia que permita aos professores personalizar as aulas para cada aluno; sediada em São Francisco, a AltSchool tem hoje oito escolas-laboratório. A anuidade é de cerca de 100 mil reais. O objetivo é ter uma representação digital de cada aluno alimentada por todas as informações e dados que os professores têm, como suas características e lista de tarefas e leituras. A ideia é que a equipe da escola construa algoritmos que orientem os professores a identificar as áreas em que cada estudante enfrenta problemas e, com a ajuda da plataforma, preparem um plano para ajudá-los a progredir. (N.T.)
30 Rede de escolas públicas gratuitas da Califórnia cujo bem-sucedido método de ensino híbrido reserva grandes blocos de tempo para que os alunos se envolvam com uma aprendizagem mais reflexiva, por meio de projetos: nesse sistema de ensino personalizado, eles estabelecem metas e desenvolvem um plano para realizá-las. (N.T.)

Trabalhos de conclusão de curso[31] com viés social e projetos de aperfeiçoamento e desenvolvimento profissional têm se tornado as efetivas pedras angulares da educação.

A era do modelo acadêmico de educação – primeiro aprenda, realize depois – está chegando ao fim. Pode ter sido útil no passado, mas aprender *antes* de fazer já não funciona mais e não é mais a educação que crianças e jovens almejam, ou da qual precisam. Hoje, um número cada vez maior de pessoas – crianças, jovens e adultos – está percebendo que devemos mudar para algo novo. Nosso objetivo deve ser ajudar todos eles a se tornarem realizadores de primeira classe, qualquer que seja a área de seu interesse, ou o tema pelo qual se apaixonem, colocando em prática qualquer coisa que saibam fazer muito bem.

Agora é hora de fazer isso acontecer em âmbito universal.

---

31 *Capstones*, no original; um projeto *capstone* é uma tarefa multifacetada e muitas vezes interdisciplinar que serve como experiência acadêmica e intelectual culminante para os alunos em geral no último ano do ensino fundamental ou médio (se comparado ao Brasil), ou no final de um programa acadêmico. Embora parecidos com um TCC, dissertação ou tese de faculdade, os projetos *capstone* podem assumir uma ampla variedade de formas, mas na maioria dos casos são projetos de investigação de longo prazo, que culminam em um produto final, no formato de texto ou apresentação: um artigo, uma breve apresentação multimídia, uma apresentação oral diante de uma banca de professores, por exemplo. Os *capstones* costumam ser idealizados para incentivar o aluno a pensar criticamente, resolver problemas desafiadores e desenvolver habilidades como comunicação oral, falar em público, habilidades de pesquisa, conhecimento de mídia, trabalho em equipe, planejamento ou estabelecimento de metas – ou seja, habilidades que ajudem a prepará-los para a faculdade, carreiras modernas e a vida adulta. Esses projetos também tendem a incentivar os alunos a conectar seus projetos a questões ou problemas da comunidade e a integrar experiências de aprendizado fora da escola, incluindo atividades como entrevistas, observações científicas ou estágios. (N.T.)

O QUE CRIANÇAS E JOVENS SÃO CAPAZES DE REALIZAR
O valor que podem agregar aplicando suas paixões a projetos que melhorem o mundo

Em todas as nossas discussões a favor e contra a tecnologia na educação, um dos maiores e mais óbvios benefícios está sendo quase completamente ignorado – a tecnologia está empoderando os jovens de modo a torná-los aptos a realizar grandes quantidades de tarefas das quais o mundo necessita desesperadamente.

Talvez isso aconteça porque no passado, antes do advento da moderna tecnologia, crianças e jovens não tinham condições de realizar muita coisa enquanto não ficassem mais velhos. Talvez seja porque estamos condicionados pelo nosso passado pré-internet contra a exploração da mão de obra infantil. Ou talvez seja porque durante tanto tempo impedimos os jovens de realizar qualquer coisa, que até nos esquecemos do que eles são capazes.

No entanto, agora, muita coisa mudou. Metade das pessoas no planeta tem menos de 25 anos, e esses jovens são, enquanto pessoas ou em grupos, cada vez mais capazes e poderosos – e interconectados entre si, de maneiras que jamais existiram.

Até libertarmos os jovens para realizarem as coisas positivas de que são capazes em prol do mundo, estamos desperdiçando metade da capacidade mundial – assim como, durante muito tempo, desperdiçamos grande parte do potencial das mulheres.

A juventude de hoje é apta, muitas vezes com a ajuda da tecnologia, a realizar um bocado de coisas que são verdadeiramente úteis para o mundo e nos próprios lugares em que esses jovens vivem; ademais, no processo de fazer coisas concretas, os jovens crescerão para se tornarem exatamente o tipo de pessoa que queremos. Provavelmente algumas dessas realizações e do crescimento acontecerão com ou sem a nossa participação. Todavia, se ajudarmos os jovens a realizar, em vez de impedi-los, o processo será muito mais rápido.

No passado, supunha-se – na maioria dos casos, corretamente – que os estudantes não tinham condições de competir com os adultos pelo trabalho. Nossa expectativa era a de que os jovens aprendessem primeiro e colhessem os frutos depois. Fazer isso de outra maneira era desprezado ou considerado exploração, ou até "abandono dos estudos".

Mas essas convicções – como a maioria das crenças e atitudes dos adultos de hoje – foram formadas nos tempos pré-internet. Hoje, no mundo inteiro, crianças e jovens estão rapidamente se tornando muito mais capazes, e isso vale para todos os lugares do planeta. "Em todo o mundo, os *millennials*[32] são mais parecidos entre si do que com as

---

[32] Em princípio, os *millennials*, também conhecidos como Geração Y, são as pessoas nascidas entre 1980 e 1995. Alguns teóricos ainda divergem sobre esse recorte, considerando *millennials* também aqueles nascidos até os anos 2000, mas a média das definições é a de pessoas nascidas nas últimas duas décadas do século passado. Neste livro, o autor parece usar o termo *millennial* para se referir mais precisamente aos nascidos após a virada do milênio, ou seja, a Geração Z, integrada por

gerações mais velhas dentro de seus países", escreveu a revista *Time* em 2014.

Hoje, muitos adultos ficam consternados ao ver elementos de suas culturas locais desaparecendo à medida que seus filhos crescem em um novo mundo globalizado. Muitos têm medo da geração que está crescendo agora e de seus próprios filhos. Eles se preocupam com aquilo que consideram aspectos negativos, como jovens se comunicando através de telas, em vez de por meio de interações cara a cara. Mas, infelizmente, o medo deles também os cega para o lado positivo – o poder que esses jovens têm para fazer o bem ao mundo.

No mundo conectado à internet que caracteriza a atualidade, os jovens não só conseguem competir com os adultos em muitas áreas, como também podem fazer melhor os trabalhos – o que muita gente, em um número cada vez maior de áreas, está descobrindo, para seu desassossego. Hoje, até mesmo alunos do ensino fundamental são capazes de criar sites profissionais.

Os jovens começam cedo e migram especialmente para os mais novos empregos do mundo, em tarefas como otimização

---

pessoas nascidas entre 1997 e 2010 e que usam a internet desde muito jovens, sentindo-se, portanto, muito confortáveis com o mundo e as tecnologias digitais. O aspecto mais importante é que se trata de uma geração digital em essência, que inclui apenas pessoas que já nasceram totalmente envolvidas pelas tecnologias atuais, como os videogames e a internet. Logo, os *millennials*, ávidos por avanços tecnológicos, são a primeira geração que pode ser considerada plenamente conectada. Em tempo: já se fala em uma Geração Alfa, formada por crianças nascidas a partir de 2010, ano em que a Apple lançou o iPad e que seria a primeira geração para a qual numerosos aspectos do mundo analógico parecem muitíssimo distantes de sua realidade. (N.T.)

de mecanismos de pesquisa e estratégias de mídia social. Seria um erro ver como exceções, em sua essência, os poucos indivíduos conhecidos que criaram empresas de bilhões de dólares no dormitório da faculdade – estes são exemplos de pessoas que estão, apenas, na magnitude de suas realizações. Todas as crianças e jovens de hoje são plenamente capazes de realizar coisas reais durante os anos que pensávamos serem destinados apenas à "aprendizagem".

Em vez de notas, realizações

Hoje, quando os administradores de escolas querem demonstrar o que estão fazendo de certo, cada vez mais apontam para as realizações de seus alunos e grupos de estudantes, não para os desempenhos em provas e exames.

As realizações desses estudantes existem aos montes. Às vezes elas são chamadas de "oportunidades de voluntariado" ou "educação de impacto". No momento, costumam ser empreendidas fora da escola[33].

Eis aqui dez exemplos retirados (com permissão) do site Teenlife[34], em janeiro de 2016:

1. Aos 12 anos de idade, Jonathan Woods criou a fundação Under the Tree, quando percebeu que os adolescentes eram muitas vezes esquecidos durante os eventos

---

33 É possível encontrar listas dessas oportunidades em muitos sites, como: <www.dillerteenawards.org/past-recipients/> e <www.lancaster.unl.edu/4h/serviceideas.shtml>. Acesso em: 28 maio 2021.
34 Disponível em: https://www.teenlife.com/blogs/50-community-service-ideas-teen-volunteers>. Acesso em: 28 maio 2021.

de doação de brinquedos no período natalino, que pareciam voltados apenas para as crianças mais novas.

2. Neha Gupta criou sua organização sem fins lucrativos aos nove anos de idade! A ONG Empower Orphans já ajudou mais de 25 mil crianças em todo o mundo.

3. Ao completar 14 anos de idade, Jordyn Schara fundou a WI P2D2 (Diretrizes de Descarte de Comprimidos e Medicamentos de Wisconsin), que trabalha para o descarte de medicamentos de maneira correta e segura em termos ambientais.

4. Zach Certner, de dez anos de idade, iniciou as atividades de sua organização, a SNAP (Special Needs Athletic Programs), como um programa esportivo para crianças com necessidades especiais.

5. Aos 15 anos de idade, Shannon McNamara iniciou a SHARE, uma organização sem fins lucrativos que fornece livros e material escolar para milhares de meninas na África.

6. Quando ainda cursava a 5ª série, Kalin Konrad começou a realizar, no quintal de sua casa, um evento comunitário festivo em prol de pacientes com Alzheimer. Kalin resolveu organizar o evento quando sua avó foi diagnosticada com a doença.

7. Claire Fraise, de 13 anos de idade, queria dar aos cães que seriam sacrificados uma segunda chance com sua organização, a Lucky Tails Animal Rescue.

8. As adolescentes Liana Rosenman e Kristina Saffran, que conseguiram se curar da anorexia, iniciaram o Projeto HEAL, voltado à arrecadação de dinheiro

para jovens que necessitam de tratamento relacionado a distúrbios alimentares.

9. Aos dez anos de idade, LuLu Cerone fundou a LemonAID Warriors para ajudar outras crianças a tornar o ativismo social parte de suas vidas.

10. Querendo acabar com a fome, Katie Stagliano, com 14 anos de idade, começou a plantar frutas, legumes e hortaliças em seu jardim para ajudar os famintos. Sua organização, a Katie's Krops (Colheitas de Katie), já ajudou a alimentar milhares de pessoas.

No momento, em sua maioria, essas realizações de estudantes que são obras e ações para o mundo encontram-se isoladas, desconectadas e fora do radar da tendência predominante da educação. Comumente, são colocadas em prática no contexto de atividades extracurriculares, como o 4H (um longevo programa de desenvolvimento juvenil pós-escolar nos Estados Unidos)[35] e o escotismo. No entanto, na realidade, essa é a parte mais importante da educação de

---

35 Sediada nos Estados Unidos, a 4H é uma rede de organizações juvenis cuja missão é "envolver os jovens para alcançar seu potencial máximo, enquanto avançam no campo do desenvolvimento juvenil"; o nome é uma referência à ocorrência da letra inicial H quatro vezes no lema original da organização: *head, heart, hands, health* [cabeça, coração, mãos e saúde], depois incorporado ao compromisso oficial mais completo, adotado em 1927: "Eu comprometo/ Minha cabeça, para um pensamento mais claro/ Meu coração, para uma maior lealdade/ Minhas mãos, para um serviço maior/ Minha saúde, para viver melhor". O 4H é um programa de desenvolvimento de jovens em que voluntários adultos oferecem oportunidades positivas, práticas, divertidas e educacionais para jovens de cinco a 19 anos, em diversos contextos, como clubes comunitários, programas após a escola, acampamentos, oficinas ou eventos. (N.T.)

crianças e jovens. Ao colocar em prática esses projetos, eles aprendem as habilidades necessárias "para fazer as coisas" e, em geral, muito mais. Eles também desenvolvem algo que a escola raramente oferece – um verdadeiro senso de realização no mundo. Não no mundo escolar, mas no real.

Se o objetivo da educação é que crianças e jovens se tornem pessoas melhores, mais competentes, capazes de aprimorar o mundo e mais bem-preparadas para o futuro, "realizar" é um meio muito mais eficiente para alcançar esse objetivo do que a "aprendizagem" pela qual quase todas as nossas escolas estão obcecadas. Pouquíssima coisa da grade curricular atual prepara os alunos para realizações no mundo. Cada vez mais, eles vêm percebendo que, em muitos casos, podem se preparar melhor para o futuro por conta própria do que pela "educação" que lhes oferecemos hoje em dia.

A necessidade do "real"

Muitos educadores perceberam, enfim, que apenas aprender "conteúdos", ainda que muito bem, não leva crianças e jovens a se tornarem pessoas melhores, nem mais competentes. Vários lugares passaram a utilizar a educação baseada em habilidades (por exemplo, nos Estados Unidos, o Common Core, a Base Nacional Comum Curricular, que abrange somente as disciplinas consideradas mais importantes e que caem nos exames), e outros adicionaram a suas bases curriculares a aprendizagem fundamentada em problemas, a baseada em perguntas e a baseada em projetos. Mas, embora este seja, de certa forma, um passo na direção certa, deixa escapar algo verdadeiramente básico: nada disso é "real".

Quase todos os problemas e atividades escolares são apenas "inventados", elaborados para incluir o maior número possível de "aprendizagens" ou "padrões". *Não* são concebidos para realizar qualquer coisa de útil no mundo. Em vez disso, precisamos de uma educação em que os resultados façam diferença e propiciem melhorias concretas no mundo. É o que eu chamo de "educação baseada em realizações para a melhoria do mundo".

Os alunos com quem converso estão clamando por esse tipo de educação calcada no mundo real. Criados imersos na internet e em jogos, esses jovens são muito melhores em cooperação e competição do que jamais fomos. Eles sabem de seus potenciais e capacidades e ficam frustrados por não terem a chance de usá-los. Quando se concentram em tarefas pelas quais estão realmente interessados e apaixonados, a quantidade de entusiasmo, energia e intelecto que utilizam é prodigiosa.

Decerto a educação baseada em realizações para a melhoria do mundo não é uma ideia totalmente nova – há estudantes em todo o mundo que já estão dedicando grandes quantidades de sua energia a problemas reais. A educadora Zoe Weil, inclusive, chegou a cunhar um termo para definir essas pessoas: "solucionários".

A questão é que esse tipo de educação é quase completamente fortuito, inconsistente, sem planejamento, disperso e aleatório, limitado e dependente do trabalho individual de professores, administradores e escolas.

Podemos e devemos ajudar a organizar isso em uma amplitude muito maior, para o bem de todos os nossos estudantes. Por exemplo:

- Em muitos lugares, lamentamos o triste estado de nossa infraestrutura e conexões de rede. Os jovens são plenamente capazes de consertar isso – a maioria das instruções já está na internet.
- Realizamos competições de ciência, robótica, entre outras, que são maravilhas da criatividade e entusiasmo dos alunos. Porém, muitas vezes, as equipes competem apenas para arremessar bolas através de aros ou demonstrar algo que "aprenderam". Por que não podem competir para perfurar poços artesianos, limpar lixões, apagar incêndios ou realizar outras tarefas úteis?
- Onde a infraestrutura física não existe (como em vilarejos sem água potável) ou está desmoronando (por exemplo, de uma ponta à outra nos Estados Unidos), os estudantes poderiam realizar grande parte do trabalho de projetar, planejar, financiar e, até mesmo, consertar ou construir a infraestrutura – publicar on-line as etapas e os procedimentos necessários é algo trivial. Muitas vezes, os adultos são necessários apenas para impedir que os alunos violem as leis ou se machuquem.

Então, por que esse tipo de realização no mundo real não pode *ser* a nossa educação? Seria difícil compilar, como ponto de partida, todos os exemplos disponíveis no mundo do esforço de crianças e jovens realizando projetos reais durante ou como parte de seus anos escolares? Não seria simples, usando esses projetos como exemplos, fundamentar-se nesse alicerce e usá-lo como premissa-base em todas as escolas e salas de aula? Seria complexo elaborar uma lista de realizações necessárias em alguns lugares e permitir que os alunos escolhessem as que lhes interessam? Por quanto tempo nossa educação deve continuar sendo uma preparação artificial para a realização, em vez da realização em si?

Quaisquer que sejam os problemas que venham a surgir, tais como crianças e jovens assumindo trabalhos de adultos, remuneração, entre outras questões, podemos lidar com eles e resolvê-los. Porque, se não fizermos isso em parceria com as crianças, eles simplesmente se desgarrarão de nós e o farão sozinhos.

A educação baseada em realizações no mundo real é algo que podemos – e devemos – fazer. E tomara que façamos isso logo – é a minha esperança.

O que crianças e jovens são capazes de realizar: paixão aplicada, projetos reais de melhoria do mundo e os valores que podem agregar

Quantas realizações crianças e jovens conseguiriam concretizar, se os libertássemos? Quanto valor eles poderiam agregar ao mundo? A resposta é a função de duas coisas: quanta paixão crianças e jovens têm e como eles – com a ajuda de adultos – são capazes de aplicá-la.

A importância da paixão e como é importante que cada estudante encontre a sua

A paixão de crianças e jovens, quando eles a encontram, é ilimitada, e praticamente não existe nada mais importante que uma educação básica possa fazer por uma criança ou um jovem do que ajudá-lo a encontrar e a reconhecer sua paixão, qualquer que seja ela. Se não fizéssemos outra coisa além de ajudar cada criança e jovem a compreender qual é sua paixão até o término de seus anos de educação básica, a educação estaria em situação muito melhor hoje. Uma grande razão para isso é que o ensino superior funciona muito melhor para jovens que nele ingressam já sabendo o que querem fazer.

O tipo de paixão decorrente dos interesses de crianças e jovens também é um fator-chave para o sucesso na vida – sobretudo quando combinado com outras coisas, como persistência e desenvolvimento de habilidades. Em tempos recentes, a paixão dos estudantes tem recebido mais atenção nos círculos educacionais, e o interesse dos educadores em ajudar os alunos a identificá-la parece estar aumentando bastante – o termo "educação baseada em paixão" (ou "aprendizagem baseada em paixão") está agora na voz e nos escritos de muitas pessoas.

A razão pela qual encontrar a paixão é essencial para educar verdadeiramente crianças e jovens é que ela *motiva* as pessoas, independentemente de alguém lhes dizer o que elas podem ou não, devem ou não fazer. Quase todo mundo é apaixonado por alguma coisa, embora às vezes seja necessário cavar fundo para descobrir qual é o objeto da paixão ou da predileção de cada um.

Vale notar, também, que de forma alguma a "paixão do estudante" se restringe ao currículo escolar. De fato, a maioria dos educadores adoraria ver todos os seus alunos se apaixonando pelo MESS e pelo restante da atual base curricular, mas nem todos gostam disso. O que os alunos realmente precisam – e desejam – é encontrar sua paixão – qualquer que seja ela – e aplicá-la a tarefas que eles e nós consideramos proveitosas e capazes de melhorar o mundo.

Paixão aplicada

Por mais importante que seja a paixão, quando ela não é *aplicada* – e cuidadosamente aplicada, usando-se as muitas ferramentas inventadas ao longo do tempo – pode ser desperdiçada com facilidade. Um importantíssimo trabalho de educação é ajudar crianças e jovens não apenas a encontrar sua paixão, mas aplicá-la efetivamente a algo real e útil.

Ajudá-los a identificar suas próprias paixões e pontos fortes, e em seguida aplicá-los, é algo que nós – como sociedade e educadores – fazemos agora de modo particularmente deficitário. Fazemos um trabalho ainda menos satisfatório no que diz respeito a conectar as paixões e os interesses daqueles que *de fato* as encontram a uma ampla variedade de carreiras possíveis.

Mas podemos, e devemos, fazer muito melhor. Há muito tempo venho afirmando que a coisa mais útil que qualquer professor pode fazer por seus estudantes – sem muito esforço – é dar uma volta pela sala de aula e perguntar a cada aluno: "Qual é a sua paixão?" (e, em seguida, o mais importante, anotar, para que depois tenha condições de refletir sobre como cada estudante pode aplicá-la da melhor maneira e de que modo o professor pode usar essas informações em seu ensino).

E se as crianças e jovens não souberem?

"Mas muitos dos meus alunos não sabem qual é a sua paixão" é uma resposta que ouço com frequência dos professores. Um erro comum que os adultos – e não apenas os professores – costumam cometer é pensar que, quando perguntam às crianças e aos jovens "Qual é a sua paixão?" e eles respondem com um encolher de ombros, é porque, na verdade, eles não têm nenhuma paixão profunda. Todas as crianças e jovens, creio eu, são apaixonados por alguma coisa – isso faz parte de ser humano. O truque é saber como investigar e ajudá-los a descobrir qual é a sua – algo que muitos professores (famílias) talvez julguem que não têm tempo ou habilidade para fazer. Mas, pelo bem das crianças e dos jovens, precisamos melhorar nesse quesito.

Também ouvi professores dizerem: "Todas as minhas crianças só querem saber de serem astros do rock ou estrelas do esporte". Para mim, isso indica um equívoco com relação à distinção entre aspiração, desejo e paixão verdadeira. A paixão, quando falamos sobre ela no contexto da educação, é um *intenso interesse em algo que fará com que a criança trabalhe com afinco por vontade própria.* É claro que poucos atingirão o verdadeiro estrelato, mas, mesmo assim, precisamos ajudar os jovens a entender que isso é diferente daquilo que eles amam. Se as crianças e os jovens forem realmente apaixonados por música ou esportes e querem fazer parte desses mundos, há uma enorme variedade de opções, dependendo de seus pontos fortes – eles podem ser artistas, empresários, publicitários, treinadores e muito mais (um time profissional de basquete, por exemplo, emprega mais de trezentas pessoas, apenas 12 das quais jogam basquete). Se a paixão das crianças e dos jovens realmente for ganhar dinheiro, podemos orientá-los para o empreendedorismo e carreiras correlatas.

Quando indagadas sobre sua paixão, muitas crianças e jovens respondem que "não sabem" porque acham que, quando um professor pergunta, a resposta deve ser algo relacionado à escola. Infelizmente, contribuímos enormemente para incentivar isso. Em vez de fazer a pergunta mais útil "Quais são seus interesses?", com frequência perguntamos "Qual é sua matéria favorita?", como se essas fossem as únicas opções. Embora alguns possam sentir uma profunda paixão por aquilo que lhes ensinamos na escola, certamente muitos não morrem de amores pela escola.

Também seria um erro atribuir indevidamente uma suposta inexistência de paixão por parte dos alunos a uma pretensa falta de contato com diversos assuntos. Maior contato e aprendizagem em outras áreas pode até fazer com que suas paixões se expandam ou se alterem, mas isso não mudará a probabilidade de eles terem uma ou mais delas. Eu tenho a profunda convicção, com base em todas as crianças e jovens que já conheci, de que a paixão e o desejo de aplicá-la é algo que todos têm ou podem ter. Algumas pessoas descobrem desde muito cedo e com muita clareza qual é a paixão de sua vida; para outras pessoas, isso pode ocorrer mais tarde, e certamente é algo que varia ao longo da vida. Mas conhecer sua própria paixão é tão importante, que vale a pena empreendermos o máximo esforço para que todas as crianças e jovens a encontrem, é digno de nosso empenho como educadores ajudar cada um deles a encontrar a sua.

Meu enfoque, sempre que tento ajudar crianças e jovens a descobrir suas paixões, é fazer a eles as seguintes perguntas:

- Quando você está sozinho, qual é a coisa favorita, aquilo que mais gosta de fazer com seu tempo? Por quê?
- Se pudesse se inscrever em um canal do YouTube sobre apenas um assunto, qual seria? Por quê?
- Diga o que ou quem é sua coisa ou pessoa favorita. Por quê?
- Você percebe problemas específicos no mundo ao redor? Quais?
- Se tivesse o poder de fazê-lo, o que, na sua comunidade ou na sua vida, você consertaria ou mudaria? Como?

À procura da paixão e a evolução da paixão

É claro que existem alguns que *realmente* não conseguem dizer, em um momento específico, qual é sua paixão.

Minha designação preferida para essas pessoas é "procuradores de paixão". Chamar as pessoas – crianças, jovens ou adultos – por esse nome ajuda a entender que há algo dentro delas que deveriam estar procurando.

Também é possível que um estudante ou um adulto tenha mais de uma paixão, e é incomum alguém permanecer apaixonado pela mesma coisa durante toda a vida. As paixões evoluem e mudam com as experiências de vida, e as crianças e os jovens devem saber que não estão confinados, pelo resto da vida, aos mesmos interesses que têm quando jovens. Eles devem ser incentivados a se manter atentos, a ter consciência do desenvolvimento de novas paixões dentro de si como resultado de novas experiências. Mas geralmente acontece que as paixões que as crianças têm no início da vida são as coisas que elas de fato amam fazer.

Aprender sobre a própria paixão é ótimo...

É quase sempre agradável para crianças e jovens aprenderem mais sobre coisas pelas quais são apaixonados. Quando eles adquirem consciência acerca de suas paixões, esse aprendizado geralmente exige pouco esforço, seja por parte deles ou dos professores – é algo que crianças e jovens ficam felizes em fazer sozinhos. O papel dos adultos é basicamente fornecer incentivo e orientação. Uma maneira prática de incentivar crianças e jovens a aprender mais sobre o objeto de suas paixões é fazer com que eles mantenham um "diário da paixão", seja na forma escrita ou eletronicamente (por exemplo, gravações de vídeo e uso de aplicativos de voz-para-texto, disponíveis em muitos dos celulares). Isso também pode ser feito por meio de aplicativos como o Pinterest e o YouTube, de modo que possam compartilhar o que elas aprenderam com outras pessoas.

... mas o que conta é aplicá-la a projetos do mundo real

Mas crianças e jovens precisam saber que aprender o que quer que seja a respeito de suas paixões é apenas o começo, não o fim. É fundamental que todos entendam que apenas conhecer e reconhecer sua paixão (da vida toda ou do momento) é somente o início de um importante processo. Assim que a pessoa descobre sua paixão, seu objetivo deve ser aplicá-la, porque é a *paixão aplicada* que conta de fato.

Todas as crianças e jovens precisam descobrir – e nós temos que ajudá-los nesse intento – maneiras de aplicar sua paixão por meio de realizações no mundo real. Isso vai muito além de "aprender fazendo". Em geral, as crianças e os jovens são mais motivados e adquirem autoconfiança ao realizar algo que é valioso não apenas para eles, mas para outras pessoas. Portanto, precisamos ajudá-los a encontrar e realizar projetos da vida real em que apliquem sua paixão para melhorar seu mundo.

No ensino acadêmico, a menos que a paixão do aluno coincida com alguma coisa do currículo MESS, ele normalmente não consegue usá-la. E, mais importante, coincidindo ou não, quase nunca consegue aplicá-la a algo real.

Na verdade, na educação acadêmica, o local designado para aplicar a paixão está *fora* da educação formal de sala de aula, está em uma atividade extracurricular – que quase sempre é menos valorizada do que o próprio MESS. Se a paixão do aluno é ciência, existem feiras de ciências. Se são os esportes, normalmente existem times. Mas, se por acaso é por algo exótico ou menos popular (por exemplo, moedas raras ou surfe), para que a escola ofereça qualquer tipo de apoio é preciso haver um número suficiente de alunos interessados *e* um patrocinador disponível, de modo a inseri-la em algum clube de atividades extracurriculares.

Portanto, hoje em dia, para aprender mais a respeito e aplicar suas paixões, é cada vez maior o número de crianças e jovens que são obrigados a sair completamente da escola, seja migrando para a internet (o que é ótimo para unir pessoas mundo afora com interesses em comum, mesmo que sejam interesses incomuns) ou dedicando-se a vários programas de atividades extracurriculares. Há uma longa tradição de organizações de serviços sociais como escotismo, 4H e outros grupos pelo mundo fazendo isso. A LRNG[36], uma *startup* recém-criada, tem como objetivo ajudar crianças e jovens a aplicarem suas paixões com mais facilidade, depois do horário escolar normal, enquanto passam tempo em bibliotecas e outros lugares.

---

36 A LRNG é uma *startup* criada e financiada em parte pela Fundação MacArthur para unir e expandir as oportunidades pós-escola em cidades e comunidades. Em muitos dos casos, há projetos do mundo real envolvidos. Disponível em: <www.home.lrng.org>. Acesso em: 28 maio 2021.

Hoje, a paixão aplicada entra em cena tarde demais na educação

Na educação acadêmica de hoje, a prioridade é muito clara: você aprende primeiro e aplica – em especial no mundo real – mais tarde (provavelmente depois de provar, sobretudo por meio de avaliações e exames, que está pronto). Nem mesmo o crescente movimento ABP ("Aprendizagem Baseada em Projetos" ou "Aprendizagem Baseada em Problemas") tem muitas realizações no mundo real – pelo menos ainda não. Os programas acadêmicos que incluem realizações no mundo real (e alguns o fazem) geralmente o colocam no final do processo de aprendizagem, como um trabalho de conclusão de curso ou um projeto de serviço social.

A educação básica é, em sua essência, um lugar para aprender o currículo-padrão MESS. A menos que a paixão de um estudante seja baseada no MESS (ou, em alguns lugares, em uma modalidade esportiva convencional), ela é considerada, na melhor das hipóteses, secundária e, muitas vezes, irrelevante. Aplicar paixão é algo que crianças e jovens fazem em outros lugares – da mesma forma que os adultos que não gostam do próprio emprego encontram passatempos pelos quais são apaixonados.

A alternativa

Mas há outra opção. Suponha, por exemplo, que um ano letivo consistisse *inteiramente* de projetos, realizados de modo contínuo por grupos – turmas, equipes pequenas ou maiores e/ou munidas de equipamentos tecnológicos. Suponha que tenhamos encontrado maneiras melhores de ajudar os alunos a identificar suas paixões e aplicá-las a esses projetos do mundo real em uma gama de papéis. Suponha que encontremos uma forma de ajudar crianças e jovens a escolher projetos, funções e papéis que, na opinião tanto deles quanto de seus professores, ampliariam seus horizontes em direções positivas.

E suponha que, à medida que eles põem em prática esses projetos, descubramos como garantir que os mesmos incluíssem não apenas "aprender", mas *realmente usar* pensamento efetivo, ação efetiva e relacionamentos efetivos por parte das equipes e crianças. Isso seria de grande ajuda na aplicação das paixões de crianças e jovens de maneiras úteis.

Para que isso ocorra de forma ampla, precisamos fazer três coisas:

1. Criar um sistema eficiente para possibilitar a crianças e jovens realizarem projetos do mundo real e um sistema para avaliá-los;
2. Compartilhar o sentido de quais poderiam ser os temas, a amplitude e os objetivos desses projetos;
3. Conectar os alunos aos projetos apropriados pelos quais eles se apaixonarão.

A primeira delas – isto é, o processo de ajudar crianças e jovens a estruturarem e realizarem projetos do mundo real, e avaliar o grau de realização deles nesses projetos – já começou. O movimento ABP e seus primos e afins relacionados – entre eles, desafios, trabalhos de conclusão de curso, competições e feiras de ciências – muitas vezes estão longe do mundo real, mas mesmo assim nos ensinaram muito e estabeleceram bons modelos para a efetiva concretização de trabalhos baseados em projetos. O desafio agora é fazer com que todos os projetos se tornem aplicáveis no mundo real. Ao fazermos isso, descobriremos – de forma prazerosa, acredito – que avaliar a realização é mais fácil e útil do que se lançar ao trabalho árduo de avaliar a aprendizagem.

Encontro e criação de bons projetos

Se tornássemos mais fácil a tarefa de encontrar um número razoável de projetos do mundo real úteis para que crianças e jovens pudessem escolher e colocar em prática – a segunda necessidade –, isso seria uma ajuda e tanto. Um enorme avanço seria um banco de dados de potenciais projetos mundo afora, que, se existisse, conteria todos os projetos, já assumidos por crianças e realizados por estudantes em todo o globo (para que pudessem ser refeitos em novos contextos), bem como os projetos sugeridos pelos alunos, além de maneiras pelas quais as pessoas poderiam participar daqueles a serem executados por crianças e jovens. Os projetos precisariam ser passíveis de pesquisa em várias dimensões, entre elas, área, assunto ou eixo temático, função, adequação à idade, possíveis pré-requisitos em termos de habilidades e experiências, além de outros critérios. É meu objetivo veemente ver esse banco de dados ser criado.

Categorias de projetos do mundo real

Ao realizar inúmeras pesquisas em busca desses projetos e criar os rudimentos do banco de dados, constatei que os projetos se encaixam em categorias específicas. Uma listagem parcial incluiria:

- Projetos para ajudar a comunidade física local, por exemplo: limpeza de áreas; criação de parques e jardins; concepção de espaços de lazer e facilidades e conveniências.

- Projetos para ajudar os menos favorecidos, por exemplo: redistribuição de material descartado; estreitamento de vínculos com os idosos; criação de recursos tecnológicos para ajudá-los.

- Projetos para ajudar a construir e consertar a infraestrutura, por exemplo: escavação de poços; construção de cisternas; melhoria do saneamento; instalação de redes de Wi-Fi e internet.

- Projetos para ajudar diretamente colegas ou outras pessoas, por exemplo: tutorias; criação de vínculos com os idosos.

- Projetos para ajudar a preservar nossa história e legado, por exemplo: restauração de artefatos da comunidade; digitalização de documentos.

- Projetos para auxiliar nas funções governamentais, por exemplo: medição da qualidade do ar e da água; elaboração de relatórios.

- Projetos que adicionam novas informações ao conhecimento e a bancos de dados do mundo, por exemplo: ciência do cidadão; invenção e inovação.
- Projetos para serviços públicos, por exemplo: avaliação de serviços e funcionários.

Embora estejam longe do escopo de todas as categorias possíveis para projetos de estudantes, conhecer essas ideias pode ser útil para ajudar crianças e jovens, entre outros, a pensarem e encontrarem projetos de melhoria de mundo. Os alunos, em colaboração com seus professores, devem pensar não apenas em reunir projetos, mas sim, e cada vez mais, em *categorizá-los*.

Conexão entre alunos e projetos

A terceira necessidade – planejar e desenvolver formas de conectar os estudantes a projetos que lhes permitam aplicar suas paixões e ampliar suas competências e habilidades – é uma área em que um esforço concentrado seria útil – uma tarefa em que o investimento de fato traria enormes benefícios. Hoje, confiamos principalmente no julgamento de crianças, jovens e professores (e, quando disponíveis, tutores e orientadores) para fazer isso, mas eles não dispõem de uma quantidade considerável de informações – que sejam acessíveis de imediato – sobre quais são as paixões de crianças e jovens e quais as possibilidades do projeto. Portanto, além do banco de dados de que falei, seria realmente útil ter mais maneiras – baseadas em tecnologia ou não – para ajudá-los a identificarem suas paixões e conectá-las diretamente às sugestões de projetos do banco de dados. Já sabemos como fazer essas conexões por meio de "mecanismos de recomendação" criados pela Amazon e outros, portanto, isso seria plenamente viável. Incentivar o desenvolvimento desse tipo de software para a educação é outro de meus objetivos.

Não se trata apenas de escrever relatórios ou coletar doações

Também é essencial, como observamos antes, que as pessoas compreendam exatamente o que são projetos da vida real para melhorar o mundo – e, em particular, o que eles não representam. Esses projetos são selecionados pelos próprios alunos, que costumam realizá-los em equipes e produzem mudanças concretas e efetivas (e duradouras, é o que esperamos) em suas comunidades em nível local e global – mudanças para as quais eles podem apontar e dizer: "Eu, com meu grupo, fiz isso!".

Projetos que *não* são do mundo real incluem estudantes fazendo pesquisas que resultam em relatórios ou recomendações (mesmo que esses documentos sejam submetidos a algum grupo oficial). Um projeto é do mundo real *se, e somente se,* levar a ações concretas e a algo que faz uma diferença. Escrever uma carta a um político não é, por si só, um projeto da vida real que melhora o mundo, embora a ação de fazer *lobby* político pode de fato resultar em mudanças na legislação – como no caso da menina de 16 anos de idade de Illinois, cujo projeto teve como consequência a proibição de sacos plásticos em todo o estado[37].

Também *não* estão incluídos na categoria de projetos da vida real que melhoram o mundo as muitas iniciativas que os alunos realizam para arrecadar dinheiro em prol de causas específicas. Isso é admirável e eles podem se beneficiar ao participarem. Mas projetos de angariação de fundos por si só não são o tipo de projetos da vida real de melhoria do mundo dos quais estou falando. Crianças e jovens precisam causar melhorias ao mundo por meio de seus próprios esforços, em vez de ajudar a financiar alguém para fazê-lo.

Reconhecimento do valor agregado por meio de remuneração – trabalho infantil 2.0?

Os alunos que agregam valor real por meio de projetos de melhoria do mundo devem ser pagos por esse trabalho? É uma pergunta com a qual os proponentes da Educação para Melhorar o Mundo terão de lidar, à medida que esses novos tipos de projetos que não exploram os alunos se

---

37 Abby Goldberg, de 12 anos de idade, aluna da 7ª série, de Chicago, ficou chateada ao descobrir que os legisladores do estado norte-americano de Illinois haviam aprovado uma proposta que exigia programas de reciclagem de sacolas plásticas e proibia os municípios de bani-las ou de cobrar por elas – um projeto de lei apoiado pelo setor e contestado por ambientalistas. Ela fez *lobby* junto ao governador Pat Quinn, reuniu aliados, coletou assinaturas e teve papel fundamental para que o projeto fosse vetado. O jornal *Chicago Tribune* escreveu: "Após sua cruzada de um ano e uma campanha on-line chamada 'Não deixe a indústria do plástico intimidá-lo', a menina do subúrbio do noroeste comemora agora a decisão de Quinn de vetar uma legislação que impediria cidades grandes e pequenas de Illinois de proibir sacolas plásticas e impor taxas por seu uso".

difundirem e se tornarem parte integrante da educação e do processo de desenvolvimento dos estudantes. Uma coisa importante que eles geralmente não aprendem na escola hoje é quanto vale seu próprio trabalho – e o de outras pessoas. Como crianças e jovens devem ser compensados pelo valor que conseguem agregar?

Se, por exemplo, uma equipe escolar realiza um projeto pelo qual o governo local pagaria a consultores 50 mil dólares para sua realização, para onde vai esse valor? Parte vai para a escola? Parte fica com os estudantes? Parte entra em custódia para algum tipo de utilização futura? Ou será confiscado sob a alegação de que o governo, por meio de seu braço educacional, agora é mais eficiente? Um desdobramento extremamente valioso seria encontrar uma maneira de atribuir valor aos projetos, mesmo que nenhum dinheiro de fato entre em jogo.

As empresas já estão empregando crianças e jovens em idade escolar fora da escola para criar sites, coletar dados e realizar outras tarefas pelas quais normalmente pagam. E se os estudantes começarem a fazer isso na escola? Quando eles criam por conta própria empresas de sucesso com fins lucrativos, dentro ou fora da escola – por exemplo, na internet –, que proteções devem ser dadas à sua propriedade intelectual? Talvez a remuneração possa ser feita por meio de alguma versão de "distinção" ou "créditos", ou de um processo de negociação que imite – e ajude os alunos a entenderem – o que acontece no mundo real.

Com isso vem à tona a questão do entendimento das crianças e dos jovens de como maximizar o valor daquilo que eles trazem ao mundo, de maneira individual e única, tanto em termos financeiros quanto não financeiros. Queremos que crianças e jovens vejam de maneira direta, e precocemente, desde tenra idade, que o mundo paga muito mais para alguns tipos de trabalho e projetos do que para outros, e que o valor de uma hora se trabalho depende enormemente do tipo da tarefa exercida, e até mesmo de onde ela é feita? Os estudantes devem aprender, por meio de seus projetos, como aplicar suas paixões e habilidades nas direções mais lucrativas? As escolas deveriam, no limite extremo, ser classificadas quanto ao valor que seus alunos são capazes de criar, valor este mensurado financeiramente ou de acordo com algum outro critério quantitativo?

Não tenho respostas para essas perguntas. Mas, levando-se em conta as novas capacidades das crianças e dos jovens e nossa busca por igualdade e meritocracia no mundo, são questões importantes que vale a pena incluir em nossos debates educacionais.

CONQUISTA X REALIZAÇÃO

Passamos um bocado de tempo ponderando sobre as realizações no mundo real, mas escolas e famílias costumam se preocupar com o sucesso do desempenho acadêmico dos estudantes. Nesse sentido, "conquistas" e "realizações" são a mesma coisa?

Muitos usam os termos como sinônimos. Um aluno que obtém notas altas está progredindo e "conquistando" sucesso acadêmico; podemos dizer que obter um título de doutor, ou mesmo ser aprovado em um curso específico, é "uma conquista e tanto". Mas sugiro que examinemos detalhadamente esse ponto, porque acredito haver uma importante distinção a ser feita aqui – sejam quais forem as palavras que usamos para fazê-la.

A distinção que sugiro que façamos com mais cuidado ao pensar sobre a educação baseada em realizações é entre uma pessoa que faz algo que beneficia apenas (ou principalmente) a si mesma (= uma conquista), em contraste com alguém que faz algo (ou faz parte de algo) que beneficia outras pessoas (= uma realização).

Subir até o topo do Everest, por exemplo, é uma conquista. Escalar uma montanha "porque ela está lá", como muitos dizem, não beneficia ninguém, a não ser o alpinista. E, muitas vezes, deixa o mundo com um rastro de detritos – e até mesmo companheiros mortos. Vencer uma corrida é uma conquista, mas costuma beneficiar apenas o vencedor. Na educação, obter média 10, notas altas em uma prova ou um prêmio especial por excelência acadêmica são conquistas. Ser eleito membro do conselho escolar é uma conquista. De fato, a maior parte do que esperamos de nossos alunos são conquistas. A realização exige esforço, quase sempre bastante esforço. E esse esforço, se positivo, deve ser comemorado. Devemos louvar as realizações de nossos alunos e professores.

Realização

Conquistas são bem diferentes de *realizações*, pelo menos neste contexto. Ganhar uma corrida, tirar boas notas ou chegar ao topo de uma montanha são conquistas, mas *não* realizações (na acepção do termo que uso aqui). Isso porque essas coisas não beneficiam ninguém, exceto a pessoa que as fez. Realizações são ações que beneficiam outras pessoas e o mundo real.

Ajudar a encontrar a cura para uma doença é uma realização. Colocar essa cura em campo e eliminar a doença é uma realização ainda maior. Fundar (ou contribuir com) uma revista que se torna influente é uma realização. Abrir uma empresa de sucesso que faz algo útil é uma realização. Ajudar a melhorar seu bairro também.

Até mesmo as maiores conquistas não são necessariamente realizações e acredito que não deveríamos usar essas duas palavras como sinônimos (apesar de, na linguagem cotidiana, costumarmos fazer isso). Acredito que devemos reservar a palavra "realização" para as coisas que fazemos que ajudam o mundo ou parte dele. Na verdade, nós obtemos *conquistas* para conseguirmos efetuar realizações.

Crianças e jovens podem colecionar conquistas, mas geralmente nossos alunos têm um histórico muito menor de realizações. Isso ocorre porque muito pouco do que eles fazem na escola afeta o mundo real. Mas eles poderiam – e deveriam – pôr em prática realizações também.

Escrever um relatório que é aceito pelo governo no lugar daquele pelo qual consultores costumavam ser pagos para fazer – como aconteceu recentemente com uma turma da 6ª série em um episódio já mencionado aqui – é uma conquista muito maior e melhor do que a obtenção de nota dez em um trabalho ou redação sobre meio ambiente. Conseguir com que o projeto de uma equipe de alunos para a criação de um parque aquático comunitário seja aprovado pela câmara municipal e construído – como uma turma da 5ª série fez – é uma realização que vai muito além da conquista de criar um projeto bom ou vencedor.

Realizações são coisas que aparecem na seção "experiência" do *curriculum vitae*, além do local onde a pessoa estudou, quais foram suas notas e suas atividades extracurriculares.

Por que a distinção é importante na educação?

A distinção entre conquista e realização é importante na educação porque os "grandes vitoriosos" na escola

– os alunos de mais alto desempenho acadêmico – costumam, infelizmente, realizar pouco – diversos estudos mostram que as notas são um terrível indicador de sucesso na vida. E, ao mesmo tempo, há inúmeros indivíduos que realizam muito pelo mundo, mas nunca foram os melhores alunos no sentido acadêmico. Winston Churchill é um ótimo exemplo.

O que de fato queremos de nossos estudantes, acredito, é realização e não conquista. Queremos que eles não apenas entendam a distinção entre conquista e realização, e o que realmente é uma conquista, mas que realizem, repetidamente, quantas vezes puderem ao longo de seus anos de escola – para que saibam que *são capazes* de realizar coisas no mundo real e para que sintam na pele a boa sensação que isso lhes causará. "Não há nada como a realização para alimentar a autoestima e a autoconfiança", escreveu o filósofo escocês Thomas Carlyle.

Hoje, algumas escolas exigem como parte (geralmente pequena) de seus conteúdos programáticos projetos de "serviço social" ou "trabalhos de conclusão de curso" relacionados ao mundo real. Projetos e iniciativas desse tipo podem e devem ser expandidos para todo o currículo. Os jovens devem trabalhar a fim de construir, na escola, um currículo de realizações e não apenas de conquistas.

Se nós e nossas escolas mensurássemos as realizações dos estudantes (isto é, os projetos positivos nos quais o aluno teve uma participação importante), em vez de medir seu desempenho ou conquistas acadêmicas (qual a nota ou classificação que cada um consegue obter), as percepções que teríamos de nossos estudantes – e de nossa educação –

provavelmente seriam bem diferentes. Então, sugiro que, à medida que um novo modelo e paradigma educacional estão surgindo, todos comecemos a fazer uma distinção mais meticulosa entre "conquista" e "realização" em relação à educação e aos estudantes. Será melhor para todos nós.

TODAS AS HABILIDADES DE QUE CRIANÇAS E JOVENS PRECISAM
Um currículo de apoio muito mais amplo, adquirido de forma diferente

No emergente paradigma da Educação para Melhorar o Mundo, a educação básica é organizada por meio de projetos da vida real que melhoram o mundo. Mas, nesse novo modelo, o que dá sustentação a tais projetos?

Lembre-se de que o seu objetivo é tornar o mundo um lugar melhor e fazer com que crianças e jovens, no processo de fazer e concluir projetos para o concreto aprimoramento da comunidade e do planeta, se transformem em pessoas boas, competentes e realmente capazes de aperfeiçoar o mundo. Portanto, os alunos precisam adquirir, por intermédio do processo da Educação para Melhorar o Mundo, não apenas o conhecimento e as habilidades necessárias para executar cada projeto, mas um conjunto de habilidades e disposições que durarão a vida toda e que os tornarão pessoas boas, competentes e realmente capazes de aprimorar o mundo.

Assim, devemos perguntar: Além de ter realizado – e sabendo, portanto, que *são capazes* de realizar – e acumulado um bocado de realizações no mundo real em seu currículo, *o que mais* queremos que todas as crianças e jovens adquiram como resultado de seus cerca de 16 anos de pré-escola, ensino fundamental I e II e ensino médio? O que – neste mundo cada vez mais tecnológico e repleto de inteligência artificial em que as crianças e jovens agora vivem – ainda é importante que todos os humanos adquiram e aprendam a fazer melhor? A resposta para essa pergunta torna-se uma grade curricular. E, uma vez que estabelecemos essa grade, precisamos descobrir como colocá-la em prática.

Chega de bagunça: repensando os conceitos básicos do currículo MESS

Mesmo quando deparam com enormes mudanças contextuais e a necessidade de transformações educacionais para atender aos novos cenários e padrões, a maioria dos adultos julga que crianças e jovens "ainda precisam do básico". Concordo que há raízes e bases cuja implementação nos primeiros anos é importante para que as crianças possam continuar a crescer e vicejar.

Mas o crucial a entender é que os elementos básicos dependem do contexto; eles mudam quando o contexto muda. Um exemplo divertido e instrutivo disso é o *Currículo Dentes-de-Sabre*[38].

---

[38] A paródia *Currículo Dentes-de-Sabre*, escrita por alguém cujo nome creio ser um pseudônimo (J. Abner Pediwell), foi publicada pela primeira vez em 1939. A essência é que os antigos homens das cavernas desenvolveram um currículo para ensinar às crianças "os fundamentos básicos" de pescar nos lagos cristalinos, matar a porretadas cavalos lanudos para comer sua carne e esfolar sua pele para se aquecer, além de usar o fogo para se proteger de ataques de tigres-dentes-de-sabre. Quando o ambiente mudou drasticamente – os lagos ficaram lamacentos, os cavalos migraram para outros lugares e os tigres morreram e foram substituídos por ursos, que não tinham medo de fogo –, os anciãos continuaram a

O que será o "básico" no futuro é uma questão que não é feita nem abordada com a frequência adequada.

Hoje, em nossa educação acadêmica universal, o mundo entende que o básico é, essencialmente, fazer com que todos os estudantes cheguem o mais longe possível em quatro áreas: matemática, artes da linguagem (que incluem leitura e escrita, e às quais muitos países adicionam uma segunda língua), ciências e estudos sociais. Desde sua codificação moderna no final do século XIX, essas quatro disciplinas básicas passaram a dominar o mundo da educação básica. Todos os professores são especialistas em instruir as crianças em uma dessas quatro áreas (e supostamente cabe aos professores de ensino fundamental ensinar todas elas). Perguntamos a eles: "Qual é a sua matéria favorita?", como se houvesse apenas quatro opções.

Embora hoje em dia a maioria dos educadores reconheça que o contexto em que nossa educação se encontra mudou ou está mudando, as pessoas normalmente concentram-se apenas no acréscimo – isto é, "adicionar ao que já temos" – em vez de procurar substituir o básico antigo por um novo.

Como mencionado antes, costumo me referir ao atual quadrívio de matérias básicas como MESS, acrônimo em língua inglesa que abrange *M*ath, *E*nglish, *S*cience, *S*ocial studies (matemática, inglês, ciências e estudos sociais). Ninguém entende o termo MESS – palavra que, em inglês, significa "bagunça, baderna, desordem, confusão" – com mais rapidez que as crianças e os jovens. É mais ou menos assim que eles enxergam a questão... e por boas razões.

---

ensinar o currículo velho, porque se tornara "tradicional" e sagrado, apesar de não ter mais utilidade alguma.

Por estarmos ensinando as quatro disciplinas "centrais" – matemática, artes da linguagem, ciências e estudos sociais – de maneira tão universal, e por tanto tempo, muitos passaram a aceitar a falsa noção de que elas são realmente a "educação". Essa é a razão, por exemplo, pela qual as pessoas realmente acreditam e aceitam que um teste de foco restrito, a exemplo do PISA[39], tem condições de comparar – e classificar – a "educação" em países do mundo todo.

O currículo MESS, é claro, já prestou bons serviços a muitos de nós – e vários elementos dele são, e sempre serão, úteis para estudantes individuais. Mas tenho a firme convicção de que ele é um dos maiores impedimentos para que avancemos em direção a uma educação mais eficiente para as crianças e os jovens. Os principais motivos disso incluem:

- o MESS restringe tremendamente nosso currículo de maneira desnecessária, deixando de fora grande número de competências importantes;
- os temas abarcados pelo MESS não têm a mesma importância para todas as pessoas;
- tratamos com excesso de detalhes as quatro disciplinas do MESS;

---

39 O PISA (Programme for International Student Assessment – Programa Internacional de Avaliação de Alunos) é uma avaliação internacional do nível educacional de jovens de 15 anos por meio de provas de leitura, matemática e ciências. O exame é realizado a cada três anos pela OCDE (The Organization for Economic Cooperation and Development – Organização para Cooperação e Desenvolvimento Econômico), entidade formada por governos de trinta países que têm como princípios a democracia e a economia de mercado. (N.T.)

- mesmo quando combinamos as disciplinas do MESS de maneira interdisciplinar – ou seja, estabelecendo relações entre duas ou mais disciplinas ou ramos de conhecimento – e focadas em temas, isso não é suficiente, porque ele inclui pouca coisa, se é que inclui alguma, sobre as importantes áreas da Ação Efetiva, dos Relacionamentos Efetivos e das Realizações Efetivas.

Está na hora de o MESS, da forma como a maior parte do mundo o concebe e ensina hoje, desaparecer e deixar de ser o cerne básico, ou essencial, do currículo da educação básica.

De algum modo, hoje, confundimos as coisas, trocamos as bolas e estamos andando para trás. Não apenas a maior parte do que ensinamos *não* é necessária para *todos* os alunos, como a maioria das coisas que *são* essenciais para todos os alunos não fazem parte, de forma sistemática, de sua própria educação básica. As habilidades em matemática, linguagem, ciências e estudos sociais continuarão sendo importantes para muita gente. Mas o MESS é um candidato paupérrimo e deficitário para servir como estrutura e organização central do currículo do amanhã, e "ajustes" não o consertarão. Tampouco enfoques interdisciplinares e abordagens de ensino em equipe, "temas grandiosos", questões de importância global, maior rigor (por exemplo, a iniciativa de implantação do Common Core, a Base Nacional Comum Curricular, nos Estados Unidos). Nem mesmo as chamadas habilidades do século XXI (a exemplo do empreendedorismo e dos "4 Cs": *C*omunicação, *C*riatividade, *C*olaboração e *C*riticidade de Pensamento) darão conta do recado.

Para que nossa base curricular possa verdadeiramente dar sustentação à nova finalidade de empoderar as crianças para melhorar seu mundo e aos novos meios de concretizar realizações, nosso futuro conteúdo curricular precisa ir muito mais longe e repensar completamente quais são os princípios essenciais da educação básica. Fazendo isso, podemos unificar as duas tradições das quais falamos antes – a do pensamento e a das realizações – e transformá-las em um novo todo, que realmente dará respaldo aos alunos para que melhorem o mundo em que vivem e, no processo, aprimorem a si mesmos.

"Novos princípios básicos"

Se de fato abandonássemos o MESS, no entanto, pelo que o substituiríamos? Quais são os princípios básicos – deixando de lado todo o nosso sistema e tradição dominante – de que crianças e jovens realmente precisam? Quais habilidades eles precisam adquirir? Se começássemos do zero, qual seria o núcleo de uma base curricular que corroboraria de fato a finalidade, habilitando as crianças e os jovens a se tornarem boas pessoas, competentes e capazes de tornar seu mundo um lugar melhor?

A resposta, creio eu, é o conjunto completo de habilidades úteis que os humanos conceberam e usaram ao longo do tempo a fim de melhorar o mundo. Gostaríamos de assegurar que *todas* essas habilidades fossem transmitidas a *todas* as crianças e jovens em seus anos de formação, como parte de sua educação. Não apenas como uma pequena seleção dessas habilidades, e sem dúvida não da forma exageradamente pormenorizada e com um nível excruciante de detalhes, como fazemos hoje em dia com o MESS. Em vez disso, que tais habilidades fossem ensinadas como áreas que todo estudante, ao se formar, sabe que existem e que são importantes, tendo um conhecimento geral delas e – sobretudo – tendo as aplicado em projetos e realizações no mundo real. Podemos chamá-las de "habilidades básicas para o sucesso".

A partir dessa perspectiva, nossas habilidades básicas para o sucesso certamente *não* seriam as do atual MESS, e talvez por isso tenhamos tantos problemas em fazer com que crianças e jovens aceitem o currículo de hoje como algo de grande utilidade.

Um currículo mundial "melhor"

E se, em vez de organizarmos a educação de alto nível pelas quatro disciplinas do MESS e de medirmos e avaliarmos os estudantes apenas de acordo com elas (por exemplo: "Quão bom você é em matemática?"; "Que nota você tirou no SAT[40]?"; "Qual é a classificação do seu país no PISA, em ciências?"), talvez adicionando um pequeno número de habilidades sociais ou emocionais do século XXI,

---

40 O SAT (Scholastic Aptitude Test/Scholastic Assessment Test, ou Teste de Aptidão Acadêmica) é um exame educacional padronizado nos Estados Unidos e aplicado a estudantes do high school que serve de critério para a admissão nas universidades norte-americanas; é semelhante ao Exame Nacional do Ensino Médio (Enem) brasileiro, embora as universidades não se baseiem somente nas notas dos alunos para aprová-los. Com o objetivo de avaliar o pensamento crítico do candidato, a prova tem questões objetivas e discursivas de matemática e de interpretação de textos, além de uma redação. (N.T.)

escolhêssemos uma estrutura inteiramente diferente para a educação?

Imagine: e se organizássemos a educação básica em torno de quatro disciplinas "do mais alto nível", muito diferentes? Ou em torno das principais habilidades que gostaríamos que os estudantes tivessem ao deixar a escola – habilidades fundamentais que são *realmente importantes para o sucesso de todas as pessoas no mundo?*

Acredito que, se fizéssemos isso, as quatro disciplinas seriam as seguintes:

- Pensamento Efetivo
- Ação Efetiva
- Relacionamentos Efetivos
- Realizações Efetivas

Essas são as habilidades mais importantes em que todas pessoas precisam ser boas para ter uma vida útil e bem-sucedida, não importa onde morem, ou qual seja seu trabalho ou interesses. Essas habilidades precisam ser aplicadas, é claro, em eventos específicos, o que é a razão de ser dos projetos. A realização dos projetos é a principal motivação e foco de uma Educação para Melhorar o Mundo. Mas, ao longo do caminho, também é nosso dever garantir que um aluno considere e aplique aos projetos cada um dos componentes mostrados ao lado.

Daqui a pouco expandirei cada uma dessas três áreas vitais e seus componentes. A quarta área, Realizações Efetivas, consiste em projetos do mundo real – projetos de pequeno escopo ou realizações de âmbito local nos primeiros anos escolares, e projetos e realizações de maior

PENSAMENTO EFETIVO	AÇÃO EFETIVA	RELACIONAMENTOS EFETIVOS
Compreensão e comunicação	Hábitos de pessoas altamente competentes	Comunicação e colaboração
Pensamento quantitativo e metódico	Otimização do corpo e da saúde	• Interação individual
Pensamento científico	Agilidade	• Em equipes
Perspectiva histórica	Adaptabilidade	• Em família
Resolução de problemas	Liderar e ser liderado	• Em comunidade
• Individual	Tomada de decisões sob condições de incerteza	• No trabalho
• Colaborativa	Experimentação	• On-line
Curiosidade e questionamento	Pesquisa	• Em mundos virtuais
Pensamento criativo	Arriscar-se com prudência	Ouvir
Design thinking	Experimentação/ feedback	Estabelecer networking
Pensamento integrativo	Paciência	Criação de relacionamentos
Pensamento sistêmico	Resiliência e "determinação"	Empatia
Pensamento financeiro	Empreendedorismo	Coragem
Questionamento e argumentação	Inovação	Compaixão
Ponderação e bom senso	Improvisação	Tolerância
Transferência	Engenhosidade	Ética
Estética	Estratégia e tática	Política
Hábitos mentais	Quebra de barreiras	Cidadania
Mentalidade de crescimento	Gerenciamento de projetos	Resolução de conflitos
Autoconhecimento do indivíduo:	Programar máquinas	Negociação
• Paixões	Produzir vídeos eficazes	Coaching
• Pontos fracos e fortes	Inovar com tecnologias atuais e futuras	Receber coaching
Controle de estresse		Trocas entre pares
Foco		Tutoria
Contemplação e meditação		

envergadura, eventualmente de âmbito mundial, nos anos posteriores. Como vimos, as categorias de projetos são extremamente amplas, e a escolha de qual cada estudante poderá realizar dependerá de uma combinação de seus interesses e paixões, das necessidades da comunidade e do mundo, e das habilidades que, na opinião dos professores, vale a pena cada um deles adquirir ou aperfeiçoar, para o seu próprio benefício.

Por que "efetivo"?

Ao nomear essas novas áreas essenciais – pensar, agir, relacionar-se e realizar –, acrescento a cada uma delas o adjetivo "efetivo", que serve aqui, do meu ponto de vista, não como definidor ("efetivo" pode assumir uma enorme variedade de significados), mas para distingui-lo daquilo que "não produz efeito satisfatório". A maioria de nós aprende a reconhecer a diferença entre efetivo e inefetivo, embora muitas vezes isso seja difícil. Os jovens precisam, como parte de sua educação, de uma gama de oportunidades para que façam tal distinção.

É fácil perceber que a maioria das escolas não dá conta de ensinar sistematicamente uma boa parte dos tópicos do quadro acima, se é que ensina algum deles. Também é importante notar que *todas* as assim chamadas habilidades do século XXI até agora propostas, bem como outras estruturas sugeridas, como os "4 Cs" (*C*omunicação, *C*olaboração, *C*riatividade e Pensamento *C*rítico) compreendem apenas uma pequena fração das habilidades que os estudantes precisam aprender para serem bem-sucedidos.

Nada de cursos, nem de aulas

No modelo da Educação para Melhorar o Mundo, diferentemente da acadêmica, *nenhum* dos tópicos listados – todos eles extremamente importantes – seria ensinado em aulas tradicionais com o escopo, a sequência e o recomendado nível de detalhamento com que nossos conteúdos curriculares são normalmente ensinados hoje. Em vez disso, os elementos principais de cada um desses tópicos estariam disponíveis on-line, conforme a necessidade, em formato de vídeo, animação, texto, entre outros, em vários níveis. Isso exigirá que repensemos cada um desses tópicos, bem como uma considerável reestruturação das bases curriculares já existentes, de modo que sejam relevantes no momento. Ainda não temos esses tópicos organizados e disponíveis da maneira que precisamos, mas seria valioso o esforço nesse sentido, algo que espero fazer.

Uma ideia é reorganizar on-line o que cada um desses tópicos contém, *não* em um formato sequencial como hoje, mas em uma nova disponibilização "fractal" a ser desenvolvida. Isso começaria com a coisa mais importante para os alunos saberem e se lembrarem enquanto realizam seus projetos, ou seja, uma única expressão ou frase a ser lembrada sobre determinado tópico pelo resto de suas vidas. Por exemplo, para "Planejamento do projeto", essa frase poderia ser: "Visualize todas as etapas em sua mente"; para "Negociação" poderia ser: "Aprenda o máximo possível sobre seu oponente". Na educação de hoje, fazemos um trabalho de péssima qualidade, obrigando as crianças e os jovens a se concentrarem na *essência* do que queremos que eles saibam a respeito de qualquer coisa. Assim, ao contrário dos conteúdos curriculares atuais, em que começamos com os detalhes e deixamos os princípios-chave serem descobertos pelos alunos – ou não –, neste novo currículo nossa expectativa seria de que cada aluno soubesse, até o final de sua escolaridade, o(s) mais importante(s) elemento(s) relevante(s) de cada um dos cerca de cinquenta tópicos da listagem da página 121. Estes poderiam ser chamados, em termos contemporâneos, de "tuítes principais" (como no Twitter) sobre cada tópico. Sugiro que, à guisa de exercício, você volte à lista e veja se é capaz de formular, em apenas uma frase, a principal coisa a ser conhecida sobre cada um dos tópicos. Se todos os estudantes concluíssem a educação básica conhecendo verdadeiramente o "tuíte principal" de cada um desses tópicos – e já o tivessem aplicado a vários projetos –, isso por si só seria um grande passo à frente em sua educação.

Apenas o começo

Mas isso seria apenas o começo da reforma curricular de que carecemos. Em seguida precisamos descobrir como expandir cada tópico, tanto por complexidade quanto pelas maneiras como o tema poderia ser aplicado a várias categorias e tipos de projetos. Pode ser que haja múltiplas hierarquias para cada tópico – uma voltada especificamente para crianças em idade pré-escolar e do ensino fundamental, outra para jovens do ensino médio (embora aqui a experiência seja muito mais importante do que a idade). Precisaremos criar uma maneira para que todo estudante, por meio de uma série de perguntas, obtenha rapidamente a informação específica de que precisa a respeito de qualquer tópico relacionado ao seu projeto.

Nada de "aulas", nem de "lições"

Esse currículo expandido e baseado em habilidades não seria adquirido pelos alunos por meio de aulas, lições ou cursos. Em vez disso, como parte explícita de todos os projetos, cada um dos tópicos seria avaliado, *no contexto do projeto*, a fim de que se constatasse de que forma essa habilidade específica ajudaria. Se um professor ou *coach* sugerir que o aluno aprenda mais sobre um tópico específico – ou se os membros da equipe concluírem isso por conta própria –, qualquer um dos tópicos poderá ser acessado sob demanda, com o conteúdo organizado de maneira nova e aprimorada, concebida especificamente para ajudar de imediato os alunos durante seus projetos.

Certos momentos – talvez dias específicos – poderiam ser dedicados à aplicação de cada um dos tópicos aos projetos nos quais os alunos estão trabalhando – com eles refletindo sobre questões do tipo: "Como cada um dos elementos de pensamento, ação e relacionamentos se aplica ao meu projeto?" e "Como meu projeto pode tirar proveito de uma compreensão mais profunda de cada um desses elementos?". As segundas-feiras, por exemplo, poderiam ser o dia para os estudantes pensarem explicitamente sobre modos de aplicar ao projeto as habilidades do Pensamento Efetivo; as quartas-feiras poderiam ser o dia específico para a aplicação das habilidades de Ação Efetiva; e as sextas-feiras, o dia para as habilidades de Relacionamentos Efetivos. Aqui, cada escola e cada aula podem ter ampla liberdade de ação no desenvolvimento de esquemas eficazes, e todos esses planos e programas devem ser amplamente compartilhados e disponibilizados a todos.

Inspirando os alunos a se concentrarem no que é importante

Um imenso e imediato benefício de redefinir nossos temas centrais dessa nova maneira é que, diferentemente das disciplinas escolares de hoje, os nomes dos temas de alto nível – Pensamento Efetivo, Ação Efetiva, Relacionamentos Efetivos e Realizações Efetivas – deixam muito claro para os alunos qual é, de fato, o cerne de sua educação, aquilo em que eles devem melhorar e quais os critérios segundo os quais serão avaliados na vida. Poucos se importam se as crianças e os jovens serão bons em "estudos sociais" conforme essa disciplina é ensinada hoje na escola – mas todos nós consideramos importante que eles se tornem bons em relacionamentos e realizações. Se eles se aperfeiçoarem nessas *quatro* áreas alternativas *e* realizarem de cinquenta a cem projetos do mundo real ao longo dos anos da educação básica – saindo da escola não com notas, mas com um *curriculum vitae* de realizações no mundo real –, quanto eles serão pessoas melhores... e nós também?

E quanto à leitura, alfabetização e habilidade matemática?

Ninguém quer – com certeza, eu não quero – que crianças ou adultos sejam analfabetos funcionais ou desprovidos da capacidade de lidar com números – pelo contrário. Mas aqueles que veem as necessidades de alfabetização e a habilidade matemática das crianças no futuro apenas como os mesmos tipos de habilidades básicas de leitura e matemática de que as crianças precisavam no passado estão, acredito, exibindo um viés de quem viveu a pré-internet e é um "imigrante digital".

Todas as crianças precisam aprender a leitura básica, ou seja, decodificar palavras em uma página? Por enquanto, precisam – aprender a ler nos primeiros anos é ainda uma tremenda vantagem. Mas hoje podemos fazer isso acontecer melhor e mais rapidamente. Ensinar leitura nas aulas, como fazemos hoje, reservando horários específicos nas primeiras séries para que as crianças se concentrem especificamente nas habilidades concernentes, pode, na verdade, estar prestando um desserviço às crianças, porque a leitura é uma tarefa bastante individualizada – em geral, elas aprendem a ler quando há algo que queiram ler. Os projetos que as crianças desejam fazer fornecerão muito mais incentivo para a leitura, e nosso objetivo deveria ser colocar cada criança em situações de projeto em que elas precisem de habilidades de leitura para *realizar algo que elas realmente desejam fazer*. Nesses casos, as crianças aprenderão por conta própria – frequentemente com a ajuda de seus colegas – da mesma maneira que aprendem a jogar videogame ou a usar qualquer ferramenta. Nosso papel será apenas o de lhes fornecer orientação e incentivo ao longo do caminho.

Tecnologias como jogos, aplicativos e os vários componentes da *Vila Sésamo* já estão ajudando leitores iniciantes a entender o princípio subjacente de que as palavras são compostas por sons e que letras específicas são associadas a esses sons (o que é conhecido, no jargão acadêmico, como "distinção fonêmica"). Será útil contar com programas que possam simplificar automaticamente qualquer texto – até mesmo obscuros textos científicos – em tempo real, de modo que estejam disponíveis para as crianças que desejem essas informações. Realmente deveria haver um "prêmio X" oferecido à equipe que primeiro criasse um aplicativo não para ensinar as crianças a ler, mas, sim, para motivá-las a *ensinar a si mesmas a ler*.

Ao olhar para o futuro e reconhecer o fato de que as crianças que começamos a educar hoje ainda demorarão uma ou duas décadas para se tornarem adultas, devemos também perceber e reconhecer que a necessidade do que hoje chamamos de "leitura" – ou seja, decifrar o significado de palavras em uma página (ou tela) – está diminuindo de maneira muito semelhante a da escrita à mão o fez. As tecnologias básicas que tornaram possível essa mudança – texto-para-voz e voz-para-texto – estão se aperfeiçoando a uma velocidade vertiginosa e rapidamente se tornando mais baratas e disseminadas. Em menos de uma década, todos os aparelhos de telefone – supondo que ainda usaremos os celulares de hoje, e não algo melhor – provavelmente serão capazes de ler em voz alta o que estiver na tela, a qualquer velocidade, traduzindo para qualquer idioma que escolhermos, além de escrever, na tela ou em outro lugar, qualquer coisa que dissermos. Quase sempre se ignora que todas as pessoas consideradas "analfabetas" sabem falar – muitas vezes de maneira bastante eloquente. Já está se tornando cada vez menos necessário submeter essas pessoas – crianças, jovens ou adultos – a humilhantes cursos de leitura, porque existem outras alternativas. E forçá-las a esses humilhantes cursos será menos necessário no futuro.

É claro que por muito tempo a escrita e a leitura foram as tecnologias fundamentais de armazenamento e recuperação de informações dos seres humanos. Contudo, apesar da quantidade de textos escritos existentes no mundo (inclusive na internet), precisamos começar a guiar as crianças em novas direções. Lembre-se de que elas terão décadas de vida pela frente, em uma época na qual a necessidade do tipo de leitura atual provavelmente será bastante diferente. Muitos educadores já percebem que o significado de "letramento" está se expandindo com rapidez para incluir muitos tipos de letramento visual – como o vídeo, por exemplo –, além de "programação" e "codificação". E mesmo essas últimas habilidades podem se tornar obsoletas no tempo de vida das crianças, à medida que seus computadores se aprimorem na capacidade de aprender com a experiência. No que diz respeito ao talento para a matemática, agora que um contingente cada vez maior de crianças tem acesso quase universal às máquinas (ou seja, os dispositivos estão em seus bolsos) que são capazes de fazer cálculos e computação básicos, essas habilidades outrora essenciais já não são mais aquelas que precisamos gastar um bocado de tempo ensinando às crianças. Em vez disso, precisamos melhorar muito quanto a ensiná-las a ver a matemática em situações do mundo real e a entender o tipo e a magnitude das respostas a serem esperadas. As pessoas costumam citar como negativo, por exemplo, o fato de muitas das crianças não conseguirem "calcular o troco" em uma loja. Porém, cada vez mais, esse é um trabalho para as máquinas. O que os humanos ainda precisam é ter uma ideia aproximada de quanto deve ser o troco – por exemplo, cinco, dez, vinte ou cinquenta; mas calcular a soma exata tornou-se função da máquina. Se as máquinas quebrarem ou se a energia elétrica ou a bateria acabarem, encontraremos uma solução temporária, resolveremos o problema e seguiremos em frente, exatamente como fazemos quando o carro enguiça; não passamos anos ensinando todas as crianças a dominar a arte da montaria como estratégia reserva de locomoção.

O que as crianças precisam de fato saber sobre matemática é como encontrar uma aproximação suficientemente boa, associada a uma ordem de magnitude – uma habilidade que muitas vezes *se perde* no atual processo de cálculo algorítmico à mão. Antes da era do computador, nossos engenheiros – que estão entre as pessoas mais habilidosas no trato com os números – usavam réguas de cálculo que mostravam apenas uma aproximação de três dígitos da resposta, à qual eles tinham que adicionar o ponto decimal (isto é, a ordem de magnitude). Os engenheiros sabiam que essa é a verdadeira habilidade matemática de que os humanos ainda precisam.

E o que dizer de todo o conteúdo atual do MESS?

As pessoas costumam perguntar: "Se mudarmos para um modelo de Educação para Melhorar o Mundo, o que acontecerá com a enorme quantidade de 'conteúdos' das disciplinas de hoje?". Tudo isso é necessário? Será que tudo irá "desaparecer"? As crianças se tornarão, como uma pessoa me disse, "bárbaros"?

A necessidade de *certo* conteúdo e habilidades em matemática, linguagem, ciências e estudos sociais – diferentes para cada aluno – nunca desaparecerá por completo, é claro, e os vários aspectos dessas disciplinas ainda estarão disponíveis para os estudantes e para qualquer um que deles precisar.

Mas não serão, como ocorre hoje, o "material essencial" a ser aprendido por todos, em detalhes e de modo antecipado a qualquer necessidade. Matemática, linguagem, ciências e estudos sociais são importantes de diferentes maneiras, e em graus diferentes, para cada indivíduo – com base nos pontos fortes, interesses e paixões de cada pessoa. *Não são conteúdos necessários, tampouco úteis, da mesma maneira para todas as pessoas.* À medida que os estudantes realizarem seus projetos, cada um deles descobrirá, com a ajuda dos professores, quais são os componentes do MESS de que precisam, e como obtê-los. Os alunos podem ser orientados a encontrar essa informação, individualmente ou em equipes, à medida que surgir a necessidade. A quantidade de "conteúdo" de que *todos* realmente precisam é surpreendentemente pequena e de alto nível. É provável que inclua pouco mais do que um alto grau de conhecimento do mundo e sua diversidade, os grandes acontecimentos da história da humanidade, os mais importantes princípios da ciência e algum conhecimento de como nos conduzimos. Todo o resto são detalhes, úteis apenas para alguns.

Por outro lado, Pensamento Efetivo, Ação Efetiva, Relacionamentos Efetivos e Realizações Efetivas são importantes para *todos* os alunos, em *todas* as séries. Para uma educação eficaz, é crucial que os alunos se esforcem para se tornarem o mais competentes possível em cada uma dessas habilidades abrangentes e de maior importância.

Além do mais, creio que todos nós, em certo nível, sabemos disso. Famílias sabem disso. Educadores sabem disso. E, o mais importante, as crianças e os jovens sabem disso.

A nova matriz

Eis a nova "matriz esquemática" da Educação para Melhorar o Mundo.

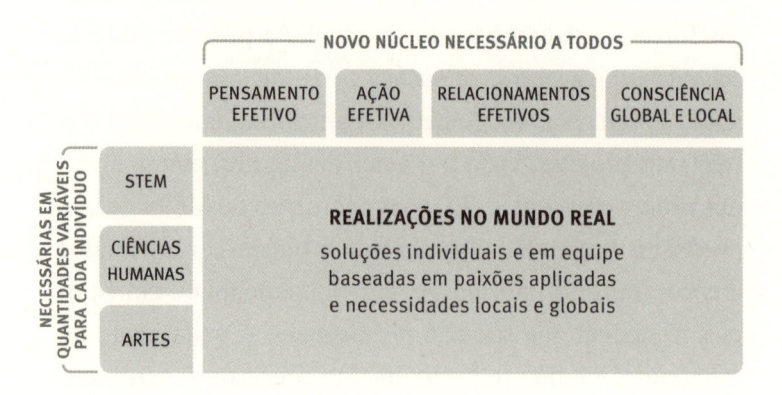

		NOVO NÚCLEO NECESSÁRIO A TODOS		
	PENSAMENTO EFETIVO	AÇÃO EFETIVA	RELACIONAMENTOS EFETIVOS	CONSCIÊNCIA GLOBAL E LOCAL
NECESSÁRIAS EM QUANTIDADES VARIÁVEIS PARA CADA INDIVÍDUO — STEM / CIÊNCIAS HUMANAS / ARTES		**REALIZAÇÕES NO MUNDO REAL** soluções individuais e em equipe baseadas em paixões aplicadas e necessidades locais e globais		

Os projetos são o foco central da educação, e o currículo dá respaldo à realização desses projetos. As disciplinas principais de que todos os alunos precisam – Pensamento, Ação e Relacionamentos Efetivos (com a Consciência Global e Local) – estão no topo, e o STEM (ciências, tecnologia, engenharia e matemática), ciências humanas e artes de que cada aluno precisa em diferentes medidas estão ao lado.

No paradigma da Educação para Melhorar o Mundo, os componentes "secundários" serão quase individualizados por completo. Vamos agora examinar mais de perto os componentes "principais", ou seja, o "novo núcleo" necessário para todos, a saber, Pensamento Efetivo, Ação Efetiva, Relacionamentos Efetivos e Consciência Global e Local.

Pensamento Efetivo

A educação acadêmica sempre se concentrou em tipos específicos de pensamento, como o quantitativo (matemática) e o sobre textos (leitura básica e "profunda"). Hoje, em muitos lugares, há uma ênfase crescente no pensamento crítico e na resolução de problemas. Mas o Pensamento Efetivo é, na verdade, muito mais amplo do que aquilo que a maior parte da educação acadêmica proporciona.

Eis aqui alguns dos componentes que constituiriam o Pensamento Efetivo do currículo da Educação para Melhorar o Mundo:

- Pensamento quantitativo e metódico
- Compreensão
- Comunicação
- Pensamento crítico
- Resolução de problemas (individual e coletiva)
- Pensamento científico
- Presença consciente
- Perspectiva histórica
- Pensamento criativo
- *Design thinking*
- Pensamento integrativo
- Pensamento sistêmico
- Pensamento financeiro
- Investigação/questionamento
- Argumentação
- Ponderação e bom senso
- Transferência
- Estética
- Hábitos mentais
- Mentalidade de crescimento
- Foco
- Controle de estresse
- Concentração
- Contemplação e meditação
- Autoconhecimento das próprias paixões, pontos fracos e fortes

Acredito que quase todo o mundo concordaria que esses componentes são importantes. No entanto, hoje, com exceção dos três ou quatro primeiros, *não* são habilidades ensinadas a todas as crianças e jovens, ou que eles adquirem no atual currículo da educação básica.

É claro que *alguns* professores e escolas incluem *parte* dessas habilidades. Mas elas não são oferecidas de *forma sistemática* aos estudantes, de maneira que tornem provável e possível que eles as adquiram. As únicas habilidades que ensinamos *sistematicamente a todos os alunos* são a leitura e o pensamento quantitativo (observe que estes são os únicos dois componentes dos exames SAT). Mais recentemente, o pensamento científico, o pensamento crítico e a resolução de problemas passaram a ser incluídos com maior frequência neste grupo. Mas a maior parte de todas as outras habilidades de "pensamento", incluindo as competências extremamente importantes de *design thinking*, pensamento sistêmico, ponderação e bom senso, estética, hábitos mentais e autoconhecimento das próprias paixões e pontos fortes (e, claro, outras), *não* são ensinadas sistematicamente como parte de nosso currículo. E até mesmo as áreas que *são* ensinadas acabam sendo abordadas mais em termos de "conteúdo" do que de "pensamento".

Um resultado triste desse enfoque é que, hoje, muitos adultos que lidam com egressos de escolas de ensino médio acreditam que – apesar de todos os anos de educação formal – os jovens não "aprenderam a pensar". Com frequência ouço de professores universitários a queixa de que "eu tenho que ensinar meus alunos a pensar".

Ouço empresários e diretores de empresas reclamando da incapacidade dos funcionários em resolver problemas. Na faculdade ou no local de trabalho já é tarde demais para começar a aprender isso – durante os anos de escolaridade, as crianças e os jovens deveriam usar uma parcela muito maior de seu tempo adquirindo habilidades relacionadas ao Pensamento Efetivo, que – apresentado de maneiras muito mais eficazes do que ocorre hoje – sem dúvida deveria ser uma disciplina de primeiro escalão para todos os alunos.

Muitos acadêmicos argumentam que o pensamento tem de ser "baseado em domínio" (isto é, exercido em um contexto específico), e, embora existam divergências de opinião quanto a essa questão, pode muito bem ser que eles estejam certos. Mas *qual é* o domínio não importa, contanto que as crianças aprendam a pensar de maneira eficiente. Todos os fundamentos de um bom pensar podem ser aprendidos em situações e problemas de qualquer área que seja do interesse de cada aluno. Precisamos ajudar todos os nossos estudantes a pensar de maneira efetiva *no contexto das realizações*.

É claro que existem algumas coisas a respeito das quais gostaríamos que todas as crianças pensassem – ética e formas de governo, por exemplo. Mas, a meu ver, é um universo de coisas bem menor do que muitos pensam. Um princípio fundamental da educação deveria ser "Habilidades gerais para todos, exemplos individuais para cada aluno".

O que realmente devemos fazer é ajudar crianças e jovens a encontrar seus próprios problemas do mundo real para analisar. Não precisamos de um livro didático repleto de problemas "oficialmente apropriados" ou "relevantes", porque *qualquer* problema de escopo e nível apropriado pode ser usado para ensinar o Pensamento Efetivo. Nosso estoque de problemas nunca irá acabar.

O resultado positivo disso é que focaremos a atenção de nossos alunos muito menos no conteúdo da disciplina e muito mais na maneira como eles abordaram o pensamento sobre o conteúdo. Depois de aplicarem o Pensamento Efetivo a projetos ao longo de toda a sua escolaridade, os alunos sairão da escola capazes de pensar de modo eficiente, e de múltiplas maneiras, a respeito de praticamente qualquer problema ou questão – usando um sem-número de "chapéus de pensamento", de acordo com a definição de Edward de Bono em seu livro *Six thinking hats*[41]. Os jovens também serão capazes de reconhecer que tipos de pensamento são *ineficientes* em situações particulares – algo em que as crianças de hoje, na maioria dos casos, não são boas, porque não aprendem o foco necessário para isso.

Consciência global e local

Há um componente específico do Pensamento Efetivo que merece ser considerado separadamente. Acredito que queremos que todas as crianças e jovens estejam conscientes do contexto em que estão, ou seja, que tenham "consciência

---

41 DE BONO, E. *Six thinking hats: an essential approach to business management*. Boston: Little, Brown & Co., 1985 [edições brasileiras: *A técnica dos seis chapéus – o pensamento criativo na prática*. Rio de Janeiro: Ediouro, 1996; e *Os seis chapéus do pensamento*. Rio de Janeiro: Sextante, 2008].

situacional global e local" (um termo usado com frequência pelos militares e nas aulas de autoescola e educação para o trânsito e segurança/defesa pessoal). As crianças e os jovens precisam continuamente olhar em volta e avaliar as questões e problemas que são decisivos para eles, os meios e projetos que escolherão para resolver esses problemas e se esses meios e projetos realmente "melhorarão seu mundo". À medida que os alunos fazem projetos, tanto na escola quanto na vida, é fundamental que continuem a verificar constantemente se estão de fato lidando com os problemas que são importantes para o mundo e para eles.

Mas só pensar não basta

Portanto, certamente podemos – e acredito que devemos – ensinar o Pensamento Efetivo de maneira mais específica, mais sistemática e melhor do que fazemos hoje em nossa base curricular, e fazer isso "sob demanda", no momento certo à medida que as crianças realizam seus projetos. Mas, infelizmente, uma parte substancial do nosso problema educacional hoje é que muito dos conteúdos curriculares escolares trata *apenas* do ato de pensar. Outros domínios imensos que são cruciais para a vida e o sucesso – principalmente agir, relacionar-se e realizar – estão quase totalmente ausentes. Este é o legado de nossa tradição acadêmica ter entrado sozinha em nossas escolas. O novo currículo da Educação para Melhorar o Mundo é uma tentativa deliberada de abordar e consertar essa situação sem serventia.

Ação Efetiva

Muitos de nós conhecem pessoas que sabem uma porção de coisas, mas não são capazes de fazer muita coisa. Uma boa explicação para isso é que não – ou quase nunca – ensinamos ações efetivas na escola. Mas sem dúvida poderíamos.

Graças a Stephen R. Covey[42], por exemplo, "os sete hábitos das pessoas altamente eficazes" são conhecidos e reconhecidos há mais de um quarto de século. Que justificativa pode haver para o fato de que temos ciência desses hábitos incrivelmente importantes, mas não os ensinamos de modo sistemático às crianças e jovens? Eles deveriam praticar esses hábitos todos os dias e sempre que iniciassem cada novo projeto (os sete hábitos de Covey são: "Seja proativo"; "Comece com o objetivo em mente"; "Faça primeiro as coisas mais importantes"; "Procure primeiro compreender, depois ser compreendido"; "Pense em vencer/vencer"; "Sinergizar"; "Afie o instrumento"). Ironicamente, a empresa dele, o Instituto Franklin Covey, chegou inclusive a desenvolver um currículo para ensinar os hábitos aos alunos, por isso já temos boas ideias sobre como fazer isso. Todavia, esse currículo é utilizado por algumas escolas, mas não pela maioria.

---

42 COVEY, S. R. *The 7 habits of highly effective people: powerful lessons in personal change*. Nova York: Simon & Schuster, 1989. [O livro já teve mais de sessenta edições no Brasil; a mais recente é *Os sete hábitos das pessoas altamente eficazes: lições poderosas para a transformação pessoal*. Rio de Janeiro: Best-Seller, 2017.]

Entre os componentes da Ação Efetiva que poderíamos e deveríamos transmitir às crianças estão (além da escrita e da pesquisa, que são basicamente as únicas ações que ensinamos hoje em dia):

- Os hábitos das pessoas altamente competentes
- Consciência corporal e cuidado da saúde
- Agilidade
- Adaptabilidade
- Liderar e ser liderado
- Tomada de decisões sob condições de incerteza
- Experimentação
- Arriscar-se com prudência
- Experimentação/ *feedback*
- Paciência
- Resiliência e "determinação"
- Empreendedorismo
- Inovação
- Improvisação
- Engenhosidade
- Estratégia e táticas
- Quebra de barreiras
- Economia doméstica
- Gerenciamento de projetos
- Programar máquinas
- Produzir vídeos eficientes
- Inovar com tecnologias atuais e futuras

Podemos até dizer a crianças e jovens que queremos que eles sejam resilientes, mas costumamos *não lhes mostrar como* aplicar a resiliência nos projetos que eles colocam em prática durante os anos escolares – ainda que seja uma habilidade adquirida em grande medida por meio da prática ao longo do tempo.

Em quase todas essas áreas de "Ação Efetiva" há especialistas, geralmente com materiais curriculares já desenvolvidos. Angela Duckworth, por exemplo, especializou-se em "determinação"[43]. O gerenciamento de projetos é uma disciplina bem-estabelecida e utilíssima, valiosa em qualquer classe social e profissão, mas que raramente é ensinada ou aprendida nas escolas. Existem, em todo o mundo, conteúdos curriculares para ensinar empreendedorismo e criatividade, mas poucas escolas os utilizam. Por que todos esses currículos não são disponibilizados para nossos alunos, de tal forma que os jovens não apenas possam entendê-los, mas imediatamente usá-los e aplicá-los a seus projetos? Basta apenas reformular o material existente de maneiras a torná-lo marcante e imediatamente útil para os estudantes que realizam projetos. Poderíamos fazê-lo de um modo que seria incrivelmente proveitoso para eles – imagine o que seriam capazes de realizar se lhes propiciássemos esses recursos.

Relacionamentos Efetivos

Muitos consideram a construção e manutenção de Relacionamentos Efetivos a habilidade mais importante que uma pessoa pode possuir. Os relacionamentos, é claro, costumam surgir na escola – nas salas de aula, nos projetos e na literatura. No entanto, que porcentagem do nosso conteúdo curricular é dedicada à análise sistemática desses relacionamentos, com o objetivo de aplicá-los na realização

---

[43] DUCKWORTH, Angela. *Grit: the power of passion and perseverance.* Nova York: Scribner, 2016.

dos projetos dos estudantes *e* de torná-los melhores na construção e manutenção de seus próprios Relacionamentos Efetivos (apesar do fato de o estudo dos relacionamentos ser aprofundado e bem-conhecido)? Muitos componentes curriculares sobre inteligência emocional e habilidades sociais já existem, mas não são bem-utilizados ou aplicados – a despeito dos recentes esforços nesse sentido[44].

Muitos professores *realmente* tentam ajudar os estudantes a lidar com os relacionamentos pessoais e os problemas individuais à medida que ocorrem na sala de aula (embora geralmente não façam parte da grade curricular). Mas poderiam também ajudá-los a se tornarem muito mais efetivos na construção e manutenção de relacionamentos em equipes, famílias, comunidades, locais de trabalho e, é claro, on-line, em especial se houver materiais disponíveis.

Também poderíamos, no contexto dos projetos, ajudar sistematicamente as crianças e os jovens a se tornarem mais competentes em habilidades que favoreçam construir Relacionamentos Efetivos, como empatia, ética, política, cidadania, negociação e resolução de conflitos. Mais uma vez, para quase tudo isso já existem diretrizes curriculares criadas por vários grupos, a exemplo do programa Karras relacionado à negociação, amplamente divulgado em revistas de bordo de companhias aéreas. No entanto, mesmo as escolas que afirmam que seu objetivo é um "mundo mais pacífico" nem sempre oferecem a seus alunos

---

[44] KHAN, Jennifer. "Can emotional intelligence be taught?". *The New York Times Magazine*, Nova York, 11 set. 2013. Disponível em: <https://www.nytimes.com/2013/09/15/magazine/can-emotional-intelligence-be-taught.html>. Acesso em: 28 maio 2021.

o conhecimento básico sobre resolução de conflitos – embora esses currículos existam.

Aqui estão alguns dos componentes de Relacionamentos Efetivos:

- Comunicação e colaboração:
  - Interação individual
  - Em equipes
  - Em família
  - Em comunidade
  - No trabalho
  - On-line
  - Em mundos virtuais
  - Com máquinas
- Ouvir
- Estabelecer networking
- Criação de relacionamentos
- Empatia
- Coragem
- Compaixão
- Tolerância
- Ética
- Política
- Cidadania
- Resolução de conflitos
- Negociação
- *Coaching*
- Receber *coaching*
- Troca entre pares
- Tutoria

E se tornarmos a construção e manutenção de Relacionamentos Efetivos um pilar fundamental do currículo mundial, algo que queremos que todas as crianças adquiram?

Realizações Efetivas

De todas as coisas que faltam nas bases curriculares de hoje, não ensinar as crianças, de maneira sistemática, a respeito das *realizações no mundo real* talvez seja a nossa maior falha. Se fizéssemos isso, muitas coisas importantes poderiam ser melhores. Hoje, em essência, desperdiçamos quase todo o enorme potencial ou "poder de realização" dos jovens ao deixar de exigir que eles o usem e por não lhes mostrarmos como fazer isso de maneira eficiente.

Imagine, por exemplo, se a 1ª série de alguma aldeia pobre do mundo, desprovida de cisterna de água, girasse em torno da construção de uma; e a 2ª série tratasse da construção de um sistema de purificação de água, e a 3ª série tivesse como eixo a construção de um sistema Wi-Fi, e assim por diante. O mesmo princípio, é claro, poderia ser aplicado a qualquer lugar, rico ou pobre – basta substituir o que quer que esteja faltando e seja necessário, como instalações para idosos, melhor conectividade etc. A cada ano, antigas soluções poderiam ser aperfeiçoadas, novos problemas seriam atacados e muito mais coisas seriam feitas.

Antigamente, impedíamos as crianças de trabalhar no mundo real porque era comum que sofressem exploração física. Mas agora os tempos são outros, e as coisas são diferentes. Grande parte do que precisa ser feito atualmente não exige mais trabalho físico, e sim intelectual (por exemplo, concepção de projetos, criação e codificação em computadores). Dessa forma, a "mão de obra infantil versão 2.0", digamos assim, pode ser, ao mesmo tempo, benéfica e útil para todos.

Todas as crianças, mesmo as mais novas, adoram trabalhar em projetos reais e importantes. Muitas sentem alegria só por saberem que são úteis. A maioria é capaz de descobrir como cuidar de si mesma, tanto como indivíduos quanto em grupos, principalmente à medida que vão ficando mais velhas e em especial com nossa orientação. Estudantes de todas as idades, conectados em redes cada vez mais poderosas, poderiam realizar um número enorme de coisas desesperadamente necessárias no mundo – não apenas em suas áreas locais, mas em nações e empresas em todo o mundo.

Todos esses projetos e realizações dariam às crianças uma experiência educacional poderosa e valiosa – não apenas para a educação, mas para a vida. Nossa educação produziria crianças notáveis não por suas notas na escola, mas por suas realizações no mundo. Devemos não apenas incentivar isso, mas reestruturar nossa educação para ajudá-las a fazer isso sistematicamente, ao longo da educação básica.

Mais trabalho a fazer

Obviamente, o desenvolvimento de uma nova base curricular em torno dessas ideias e temas, especialmente um conteúdo curricular concebido não para ser ensinado em termos acadêmicos, mas para ser adquirido conforme necessário para a realização dos projetos, requer uma considerável quantidade de trabalho que ainda não foi realizado. Incentivarei, apoiarei e documentarei este trabalho na Global Future Education Foundation[45]. Convido todos a se juntarem a mim nessa iniciativa.

---

[45] Disponível em: <www.global-future-education.org>. Acesso em: 25 jan. 2020.

A TECNOLOGIA DÁ RESPALDO À NOVA EDUCAÇÃO

A tecnologia educacional de hoje é quase toda planejada e voltada para dar sustentação ao antigo paradigma acadêmico; o que precisamos é de tecnologia educacional para o novo paradigma da Educação para Melhorar o Mundo.

Hoje, a tecnologia ainda luta para encontrar seu lugar em um contexto educacional acadêmico, que nasceu e sobreviveu por muito tempo sem ela. Nossa tecnologia moderna é mais útil para uma Educação para Melhorar o Mundo?

Melhorar o mundo não *exige* tecnologia...

Uma Educação para Melhorar o Mundo não *requer* nenhuma tecnologia – não é simplesmente uma forma de educação equipada com um arsenal tecnológico. Em vez disso, é uma educação cujos objetivos são empoderar todas as crianças e os jovens a serem capazes de agir para melhorar seu próprio mundo e se verem como indivíduos dotados de poder de ação. Nenhuma tecnologia moderna é necessária para que as equipes de projetos realizem muitas coisas que estão melhorando o mundo – do aprimoramento do relacionamento entre os grupos em suas comunidades, a obras de reparos em bairros ou restauração de artefatos históricos. Assim, uma Educação para Melhorar o Mundo não é apenas útil ou boa somente para as crianças e os jovens suficientemente sortudos terem acesso a todos os dispositivos e serviços mais recentes. Essa educação pode ser implementada em qualquer lugar – dos rincões mais isolados aos maiores bolsões de pobreza da sociedade – e beneficiará as crianças e jovens residentes nesses lugares e suas comunidades. Basta que pais, mães e educadores entendam que a educação tem por finalidade não apenas melhorar os indivíduos no sentido acadêmico, mas também aprimorar seu mundo – e que vejam que seu trabalho de empoderamento das crianças e jovens ajuda a levar isso cada vez mais longe.

... mas quanto mais as crianças e os jovens tiverem acesso à tecnologia, mais poderão melhorar o mundo em que vivem

Tendo isso em mente, podemos também dizer que ter acesso à tecnologia certamente pode ajudar as crianças e os jovens a melhorar seu mundo de muitas maneiras importantes. A tecnologia moderna está se tornando parte da vida de um número cada vez maior de crianças e jovens, em cada vez mais lugares. À medida que isso se dá, a tecnologia continuará empoderando-os a fazerem mais coisas – é quase certo que ela será uma grande parte de quase tudo o que a maioria das crianças e dos jovens realizará no futuro.

Embora não seja necessária para tudo, a tecnologia é, *sim*, um substancial fator de empoderamento. Portanto, precisamos refletir sobre que papel a tecnologia pode e deve ter na Educação para Melhorar o Mundo. De que modo as novas tecnologias, na medida em que os estudantes tiverem acesso a elas, podem ser usadas da maneira mais proveitosa para dar respaldo aos projetos da Educação para Melhorar o Mundo e para educar as crianças e os jovens empoderados de hoje e de amanhã?

Acredito que precisamos fazer, também, outra pergunta importante: a criação de tecnologia educacional específica – ou seja, projetada com a deliberada intenção de uso exclusivo no âmbito da educação – está nos ajudando a rumar para uma nova perspectiva educacional ou está, na verdade, nos tolhendo e impedindo o avanço?

Tecnologia como máscara

Talvez o leitor se pergunte: seria possível que a tecnologia educacional atrasasse as crianças e os jovens e a educação? A resposta tem duas partes. Em primeiro lugar, a tecnologia costuma desacelerar o avanço da educação acadêmica tradicional, à medida que os professores atuais lutam com as dificuldades para usá-la. Porém, muito mais importante, de longe, é que a maior parte da tecnologia usada nas escolas hoje não passa de "coisas antigas com uma nova roupagem". Usamos a tecnologia apenas para fazer de maneiras mais rápidas, e às vezes minimamente melhores, coisas que antes já conseguíamos fazer – por exemplo, fornecer conteúdo, pesquisar, manter registros. Nós nos convencemos de que, ao introduzir essas tecnologias em nossas escolas e ao usá-las dessa forma, estamos fazendo algo para promover a educação das crianças e dos jovens, preparando-os para o futuro. Mas, em termos educacionais, não estamos fazendo nada de novo ou diferente. A introdução da tecnologia – algo que costumamos fazer com grande alarde e despesa – quase sempre mascara nossa falta de qualquer progresso educacional real. Isso – e não apenas o fato de que certa dose de tecnologia pode ser desconfortável para os professores usarem – talvez seja um dos principais motivos pelos quais a tecnologia encontra tanta resistência por parte de muitos de nossos professores mais experientes.

Dando o salto por cima do "vértice da curva da educação"

Uma metáfora que muitas vezes acho útil para entender o estado atual da educação mundial é a de um "vértice da curva da educação" (a seguir). No lado esquerdo do vértice está a educação acadêmica baseada em resultados, modelo hoje predominante, e à direita está o paradigma educacional de amanhã, baseado em realizações e voltado para a melhoria do mundo. Como mostra o diagrama, há entre os dois modelos de educação uma cúspide ou barreira muito alta e acentuada. Alcançar uma Educação para Melhorar o Mundo exige, de certo modo, que devemos dar um "salto" por cima dessa cúspide. O principal elemento necessário para saltarmos sobre o vértice é uma mudança na maneira pela qual vemos as finalidades da educação.

Mas qual é o papel da tecnologia para conseguirmos dar o salto que nos levará à Educação para Melhorar o Mundo? O papel da tecnologia nesse modelo é diferente da função que ela tem na educação acadêmica?

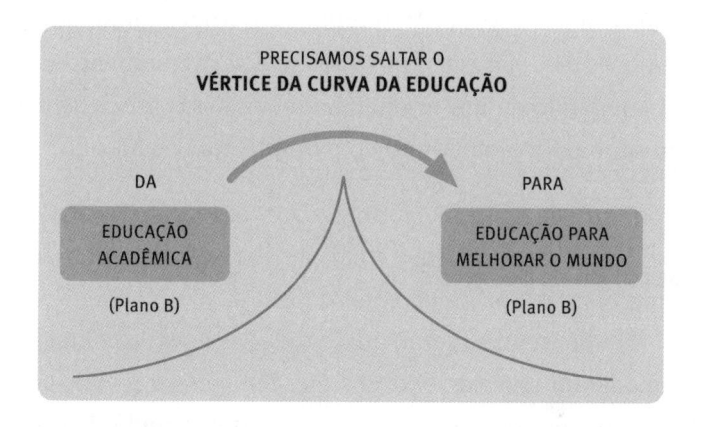

```
           PRECISAMOS SALTAR O
        VÉRTICE DA CURVA DA EDUCAÇÃO

      DA                        PARA

   EDUCAÇÃO                 EDUCAÇÃO PARA
   ACADÊMICA                MELHORAR O MUNDO

   (Plano B)                   (Plano B)
```

O advento da tecnologia educacional (as *edtechs*)

Embora tenha levado um bocado de tempo para surgir – muitos consideram que foi tempo demais –, a tecnologia educacional finalmente entrou no mercado e se tornou tendência dominante em muitos lugares. Escolas de todo o mundo estão adquirindo cada vez mais recursos tecnológicos de aprendizagem digital e fazendo com que seus alunos usem tecnologia de forma crescente. Criar tecnologia projetada especificamente para a educação é um negócio que agora está em franca e acelerada expansão – alguns chegam a dizer que há um "boom" – e novos produtos surgem quase diariamente. Financiadores, incubadoras e empresas de capital de risco no Vale do Silício da Califórnia e em outros lugares estão procurando avidamente empresas de educação e tecnologia nas quais investir. O dinheiro para as *startups* de tecnologia da área de educação, chamadas de *edtechs*, está jorrando – apenas nos Estados Unidos, esses empreendimentos arrecadaram quase 2 bilhões de dólares em 2015. Todo esse investimento está nos ajudando ou nos atrapalhando em nossa busca de dar um salto para uma Educação para Melhorar o Mundo?

Geral ou específica?

Em um sentido geral, quase todas as novas tecnologias empoderam crianças e jovens que têm acesso a elas, permitindo-lhes controlar cada vez mais seu mundo. Quanto mais as novas e avançadas tecnologias se espalham e quanto mais recursos os dispositivos pessoais oferecem, maior o número de crianças e jovens que os carregam no bolso (ou em breve, talvez, embutidos em sua pele), e quanto mais tiverem acesso a conexões de internet rápidas e potentes, mais poderosos eles se tornam para agir e realizar. Não há dúvida de que a disseminação de tecnologias gerais, não especificamente voltadas para a educação – incluindo aparelhos de telefone celular, aplicativos, conexões sociais e ferramentas de colaboração e compartilhamento, todas conectadas em rede –, empoderará ainda mais os jovens. E não há dúvida de que colocar essas tecnologias nas mãos de todas as crianças e jovens deve ser uma grande prioridade para o mundo e para todos os interessados em educação.

Utilizar de forma extraordinariamente poderosa a tecnologia disponível

Claro, o simples fato de ter essas ferramentas e tecnologias não basta – as crianças e os jovens precisam usá-las de forma extraordinariamente poderosa a fim de resolver problemas. Eles estão apenas começando a descobrir como usar as tecnologias disponíveis para realizar coisas importantes, e não apenas para recreação. Um exemplo inicial é a criação de eventos improvisados e "temporários" por parte dos estudantes. Uma grande vantagem da educação baseada em realizações que melhoram o mundo é que as crianças e jovens terão que descobrir – por conta própria e em equipe – como utilizar as tecnologias pessoais e de uso geral da maneira mais poderosa para concretizar trabalhos e projetos reais e significativos. Eles precisarão decidir como usar tecnologias, a exemplo de comunicação por vídeo em tempo real, ferramentas de simulação, robótica e inteligência artificial, a fim de realizar projetos para melhorar o mundo.

Edtech é apenas para educação "acadêmica"

A educação acadêmica tem lutado vigorosamente com essas tecnologias gerais – de planilhas a calculadoras, de mecanismos de busca à inteligência artificial. Trata-se de uma luta para saber se e como usá-las, como integrá-las e como ensinar os estudantes a utilizá-las "da forma adequada". O sucesso deles na integração de tecnologias não específicas para a educação tem sido, na melhor das hipóteses, confuso e incerto.

Assim, uma nova categoria de tecnologia surgiu no mundo: a *educational technology* (tecnologia educacional), ou *edtech*, isto é, destinada para uso exclusivo na educação e em contextos educacionais. E uma vez que na atualidade a educação acadêmica é mais ou menos a única que temos, praticamente toda a tecnologia específica é projetada para dar respaldo a essa educação – o que não é surpresa alguma. Atualmente, quase todos os produtos *"edtech"* criados ao redor do mundo são concebidos para corroborar de alguma forma a educação acadêmica.

Hoje, além das ferramentas de uso geral e para diversos fins amplamente disponíveis a que quase todas as crianças e jovens têm ou terão acesso, dispomos também de produtos especializados, específicos. Alguns deles, como a Khan Academy[46], são gratuitos e se esforçam para tentar continuar assim. Outros que variam, contudo, custam dinheiro. O quanto as modalidades de "tecnologia educacional específica" que atualmente financiamos, criamos e fornecemos para a educação são valiosas para o futuro dos estudantes? Até que ponto a tecnologia está ajudando a educá-los para esse futuro? Quanto esforço e dinheiro deveríamos continuar a investir na concepção desses produtos? Que valor podem ter para o modelo da Educação para Melhorar o Mundo? A meu ver, as respostas para todas essas perguntas ainda estão em aberto.

---

[46] Organização fundada por Salman Khan, que oferece um conjunto de vídeos de matérias como matemática, medicina e saúde, economia e finanças, física, química, biologia e ciência da computação. No Brasil, os vídeos da Academia Khan servem como ferramenta de ensino de matemática e estão disponíveis em: <https://pt.khanacademy.org/>. Acesso em: 28 maio 2021. (N.T.)

A premissa subjacente

A premissa subjacente da indústria da *edtech* é a de que as ferramentas específicas ajudam, de fato, a educação acadêmica. A grande aposta do setor inteiro é a de que são capazes de convencer um número suficiente de pessoas de que a ajuda que ela propicia é realmente valiosa, o que levaria as pessoas a comprarem os produtos de educação tecnológica, de modo a justificar o gigantesco investimento do setor.

Acredito que inúmeras ferramentas *edtech* podem ajudar a fazer muitas tarefas da educação acadêmica – ou até mesmo assumir o controle delas. Entre essas tarefas, incluem-se fornecer e gerenciar conteúdos aos estudantes, ajudar a aumentar o conhecimento e as habilidades de raciocínio dos alunos em certas áreas, avaliar seu progresso, evitar a fraudulenta "prática de cola", e muitas outras. As empresas *edtech* já produziram dezenas de milhares e talvez centenas de milhares de produtos para fazer essas coisas, que variam de novas maneiras de apresentar e fornecer conteúdos (por exemplo, na forma de vídeos) a novos meios de gravação, armazenamento, análise e aplicação de informações estudantis (como a análise de *big data*: grandes volumes de dados) e a novos expedientes para supostamente tornar mais fácil o ensino e a mensuração (por exemplo, via utilização de programas que respondem a perguntas e resolvem testes no computador).

No entanto, as pessoas ainda estão debatendo até que ponto todos esses produtos ajudaram a tornar "melhor" a nossa educação acadêmica. Os dados são, na melhor das hipóteses, duvidosos. Muitos reformadores da educação que não estão envolvidos com a tecnologia continuam céticos. "O pessoal do Vale do Silício acha que a tecnologia vai resolver tudo", diz um observador. "Não vai. Há um lado humano na educação que nunca desaparecerá." Outros não conseguem ver as melhorias que esperavam da tecnologia. Alguns consideram que a tecnologia ainda não foi usada da maneira correta. Até que ponto esses produtos substituirão, em vez de aperfeiçoar, o trabalho de nossos professores humanos continua sendo um tema que suscita acirradas e acaloradas discussões.

Onde agregar valor?

Mas uma coisa, acredito, está clara: atualmente, quase todas as *startups* de tecnologia educacional representam tentativas de agregar valor apenas à esquerda do vértice da curva, tornando a educação acadêmica atual mais envolvente, mais eficiente, mais efetiva, melhor na coleta e no *feedback* de dados e/ou mais fácil para os professores a fornecerem. Essas *startups* não estão tentando nos levar a algo novo. Isso ocorre, sem dúvida, porque a lucratividade do mercado de tecnologia educacional ainda depende muito das instituições de ensino acadêmicas.

Alguns produtos úteis resultaram e continuarão resultando de tais esforços. Porém, pode ser que muitos desses produtos – sem serventia para as crianças e os jovens – acabem ajudando nossa educação acadêmica a sobreviver, mesmo muito tempo depois de expirado o prazo de utilidade desse modelo educacional. Um exemplo são os aplicativos de preparação para provas e exames, que, ao fazer um trabalho melhor na preparação de estudantes para exames muito competitivos, tornam menos provável que esses tipos de teste venham a ser eliminados.

Curto prazo X longo prazo

Embora as tecnologias que respaldam a educação acadêmica possam fazer sentido econômico no curto prazo, fazem pouquíssimo sentido com relação ao encaminhamento necessário à educação no longo prazo. O enfoque de criar novas e caras tecnologias apenas para efetuar a mesma velha educação de sempre com nova roupagem talvez seja o mais extravagante desperdício dos recursos que temos à disposição para educar crianças e jovens. Usar a tecnologia dessa maneira banaliza o real potencial dela e fracassa no que diz respeito a empoderar crianças e jovens a fazer algo novo e de que necessitem. Em comparação a como a tecnologia poderia ajudar crianças e jovens a se educarem para o futuro, usar somente – ou sobretudo – a *edtech* para fazer as coisas antigas é algo trivial – por maiores que sejam a complexidade e a sofisticação dos produtos tecnológicos em si.

Já está em curso uma batalha perdida no lado esquerdo do vértice da curva: à medida que se financia a fabricação de mais e mais produtos que vão sendo lançados no mercado, muitos professores acadêmicos relutam em continuar experimentando esses novos produtos apenas para tentar melhorar minimamente o que eles já têm e o que já fazem na sala de aula. Portanto, está se tornando cada vez mais difícil para qualquer novo produto acadêmico ou "inovação" obter estabilidade duradoura nas escolas. Até mesmo importantes participantes do processo, figurões com bolsos fundos e fortes credenciais educacionais acadêmicas, tropeçam aqui, como ocorreu com o acordo firmado entre o magnata da mídia Rupert Murdoch e o ex-diretor administrativo do sistema escolar da cidade de Nova York, Joel Klein, para que a Amplify, a elogiada divisão educativa da News Corp de Murdoch, produzisse novos *tablets* especificamente voltados para as salas de aula (depois de um grande investimento inicial, a coisa toda foi um retumbante fracasso).

Poderoso, não banal

A tecnologia educacional que a maioria das empresas oferece hoje em dia não tem condições de nos possibilitar o salto na direção da educação de que as crianças e os jovens realmente precisam. Os estudantes precisam de tecnologias que não apenas os empoderem ainda mais a fazer coisas novas (por exemplo, conectar-se pelo mundo afora, trabalhar em colaboração de maneiras inovadoras), mas que também lhes deem uma extraordinária sustentação para realizações no mundo real.

Na atualidade, uma infinidade de produtos de tecnologia educacional de ponta – por mais avançados e sofisticados que sejam do ponto de vista técnico – serve para manter a educação enraizada com firmeza no lado antigo do vértice da curva, fornecendo-nos, apenas, novos meios para continuar fazendo o que já éramos capazes de fazer antes da chegada da tecnologia. Para aqueles que acreditam que a educação acadêmica continuará tendo sucesso e prosperando no futuro, isso pode ser bom. Mas para aqueles que creem que a educação está evoluindo para um novo paradigma, a verdade é que a tecnologia educacional está mascarando o que vem acontecendo – porque faz parecer que estamos progredindo e, ao mesmo tempo, nos impede de avançar.

Em alguns casos, a tecnologia pode tornar a educação acadêmica ligeiramente mais atraente para os alunos, ou minimamente "melhor" ou mais fácil para os educadores. Todavia, fornecer a educação antiga travestida com um verniz melhor não deve ser nosso objetivo, nem a meta da tecnologia educacional, porque o mundo mudou e se faz necessária uma nova educação. A tecnologia educacional de hoje pode servir para respaldar a educação acadêmica por algum tempo (embora ainda haja muita resistência). Porém, metaforicamente, não está fazendo nada além de reorganizar as espreguiçadeiras no convés do *Titanic*.

O índice de sucesso das *startups* de tecnologia é muito baixo atualmente[47]. Desconfio que isso ocorra, em grande medida, porque as *edtechs* estão tentando competir e "inovar" entre si dentro dos estreitos parâmetros estabelecidos pela antiga educação acadêmica. Apoiar um sistema com falhas é uma estratégia perdedora em longo prazo.

---

47 SINHA, Priyadeep. "Why do edtech startups fail?". *Tech in Asia*, Singapura, 18 mar. 2016. Disponível em: <https://www.techinasia.com/talk/edtech-startups-fail>. Acesso em: 28 maio 2021.

Já irrelevante?

Ainda que a criação de produtos de tecnologia educacional (e os debates sobre sua eficácia) perdure por algum tempo – muitas pessoas entrarão no setor e criarão novas "soluções" e empresas –, a resposta sobre se a tecnologia de fato melhora a educação acadêmica talvez já seja irrelevante, porque a própria educação básica, conforme vimos ao longo deste livro, está se transformando em algo novo e melhor – a Educação para Melhorar o Mundo. E o foco quase exclusivo do setor de tecnologia educacional na educação acadêmica está realmente impedindo esse avanço. À medida que o modelo educacional mundial evolui da educação acadêmica para o empoderamento de crianças e jovens com o intuito de melhorar o mundo, e à medida que os meios de educação evoluem de mera "aprendizagem" para realizações na vida real que efetivamente aprimoram o mundo, nosso conceito do papel da tecnologia na educação e do que a *edtech* pode e deve fazer por nós precisa evoluir também.

Um enfoque diferente da tecnologia educacional

Acredito que há muitos criadores de tecnologia que já vislumbraram o tipo de educação baseada em realizações e na melhoria do mundo que descrevi neste livro (e que está do lado direito da área do vértice da curva da educação); eles não apenas concordam que essa educação está chegando, mas querem ajudar a fazê-la acontecer. Todavia, essas pessoas ainda não deram o salto por cima da cúspide em termos da tecnologia que criam. Muitas empresas e educadores que têm consciência da necessidade de mudar para algo novo se veem cravados entre dois mundos no ponto de inflexão da educação, e uma vez que ainda não está claro que tipos de produtos educacionais específicos (se houver) darão sustentação ao paradigma da Educação para Melhorar o Mundo, os inovadores precisam fazer testes e experimentações. Mas o pequeno e ainda emergente mercado da Educação para mudar o Mundo (se houver) não dá respaldo à infraestrutura, despesas gerais e modelos de negócios que as empresas construíram para o grande mercado acadêmico mundial da educação básica.

"Cravado no vértice da curva" é um lugar bastante desconfortável para se estar. Infelizmente, à medida que o mundo avança para um novo paradigma educacional, o índice de falhas das empresas de tecnologia educacional pode chegar perto de 100%, antes que as soluções reais de que precisamos sejam criadas. É, de certa forma, o clássico "dilema do inovador", no qual a maioria inova apenas nas margens, ao passo que alguns novos grupos, conforme o paradigma muda, rompem com o padrão, saindo da velha educação para entrar na corrente predominante, com novos e melhores produtos que atendem às direções para as quais a educação está rumando.[48]

---

48 O Dilema do Inovador, um conceito criado pelo professor Clayton Christensen, da Harvard Business School (Faculdade de Economia e Administração de Empresas de Harvard), afirma que as empresas continuam inovando com frequência para melhorar seus atuais produtos, mas são surpreendidas por novas *startups* "disruptivas" que oferecem produtos equivalentes, melhores ou de funcionalidade suficiente, a um custo muito menor.

Portanto, agora é hora de parar de concentrar quase toda a inovação tecnológica e o dinheiro investido em *startups* dedicadas a criar maneiras de melhorar minimamente o sistema educacional acadêmico, desatualizado e vencido, e começar a criar produtos para o futuro da educação – e também das crianças e jovens. Ainda que, sem dúvida, alguns dos produtos ligeiramente melhores proporcionem algum retorno sobre o investimento – e até mesmo ajudem a corroborar o antigo paradigma acadêmico da educação básica por algum tempo –, a educação acadêmica será desarticulada e substituída, apesar de sua onipresença atual, porque não atende mais às necessidades das crianças e dos jovens, nem do mundo.

Edtechs para melhorar o mundo

Tenho a sólida convicção de que a tecnologia – geral e específica – desempenhará um papel importantíssimo no sentido de dar suporte a um modelo de Educação para Melhorar o Mundo e devemos fazer o melhor possível para criar novas tecnologias que nos ajudem a dar o salto para o outro lado do vértice da curva da educação. Até agora, poucas tecnologias e produtos foram criados para respaldar diretamente a educação baseada em projetos e que melhora o mundo. Chegou a hora de nossos empreendedores e empresas de tecnologia começarem a projetar, criar e promover esses produtos tecnológicos voltados para uma educação que melhora o mundo e que ajudarão educadores e estudantes a darem, ainda com mais rapidez, o salto que lhes permitirá chegar com mais facilidade ao modelo da Educação para Melhorar o Mundo. Hoje, o melhor papel a ser desempenhado pelas *startups* de tecnologia educacional e pelos pesquisadores é começar a pensar e construir produtos para substituir o sistema educacional acadêmico atual e avançar no sentido de apoiar uma Educação para Melhorar o Mundo. Como já temos uma boa ideia de como será essa educação, devemos começar a trabalhar agora para corroborá-la.

Novos tipos de produto

Que tipos de produtos específicos dariam sustentação à educação baseada em realizações no mundo real? Como eles seriam? Um dos primeiros exemplos de um produto de tecnologia que faz isso é o DoSomething[49] – uma plataforma extraescolar que permite às crianças e aos jovens selecionarem por conta própria o projeto de ação social que melhor combine com seus interesses, sem depender de ONGs.

Entre outros produtos úteis, encontram-se os seguintes:

- bancos de dados para projetos (já existentes e propostos);
- bancos de dados de potenciais consultores de projetos voluntários em uma ampla variedade de áreas;
- tecnologias para trabalhos colaborativos em equipe, para acompanhar o andamento de projetos e obter ajuda quando necessário;
- tecnologias para empresas, ONGs e governos com a finalidade de propor, atribuir, rastrear e avaliar projetos;

---

[49] Disponível em: <http://www.dosomething.org/>. Acesso em: 28 maio 2021.

- tecnologias que permitem a equipes receberem informações e *feedback* de projetos;
- tecnologias para criar *post-mortem*[50] sobre as experiências de equipes de projeto;
- tecnologias para selecionar vídeos de crianças e jovens falando sobre seus projetos, discutindo os problemas que enfrentaram e como os superaram;
- dicas de treinamento de e para professores e líderes de projetos;
- elementos dos currículos de apoio.

Ainda não sabemos direito como será a maioria desses produtos – esperamos que nossos empreendedores e desenvolvedores, assim como as crianças e os jovens, nos surpreendam.

As principais perguntas para financiadores e desenvolvedores

As perguntas-chave que os financiadores e empreendedores de tecnologia educacional devem fazer são: de que forma apoiamos – com tecnologia específica – uma educação que permita que todas as crianças e jovens agreguem valor ao mundo colocando em prática projetos da vida real,

---

[50] Na área de gerenciamento de projetos, o conceito de *post-mortem* define uma atividade de aprendizado coletivo, a qual pode ser organizada para projetos, seja quando termina uma fase ou quando o projeto em si é finalizado. A principal motivação é refletir sobre o que aconteceu no projeto, revisar, analisar erros e acertos, de forma que possam aprimorar práticas futuras. (N.T.)

realizando coisas importantes e resolvendo problemas em que efetivamente precisamos da ajuda que eles podem fornecer? Existem melhores ferramentas para o trabalho em equipe e colaborativo? E para avaliar e divulgar projetos e resultados? Existem versões acessíveis e propícias aos jovens de ferramentas que já vêm sendo usadas no mercado? (Ou as crianças – sendo, em muitos casos, tecnologicamente mais sofisticadas do que os adultos – começam a fazer, na condição de estudantes, coisas avançadas que os adultos ainda não fazem?)

Existem ferramentas específicas que podemos criar e que ajudarão os estudantes a realizar projetos em áreas específicas, a exemplo de melhoria da infraestrutura, preservação histórica, ciência, saúde, governo e proteção ambiental? Como apoiamos com tecnologia uma educação cujo objetivo não é apenas ensinar/aprender, mas ajudar todos os nossos alunos a se tornarem pessoas boas, eficientes e que melhoram o mundo? Como apoiamos com tecnologia uma educação baseada em um conjunto de habilidades muito mais amplo do que o MESS? – um conjunto de habilidades que inclui, além de uma definição mais ampla de "pensamento", os domínios quase universalmente excluídos de "relacionamentos" (até mesmo sociais e emocionais), "ação" e "realizações" no mundo real? De que forma apoiamos, com tecnologia, uma educação focada em uma profunda consciência de melhoria em âmbito local e global do mundo em que as crianças e os jovens vivem e na identificação, ampliação e desenvolvimento de paixões individuais nesse e para esse mundo – em vez de obrigá-los a dominar um conjunto de disciplinas (em geral desatualizadas)?

As respostas para essas perguntas são o suporte que a tecnologia educacional realmente precisa dar.

A tecnologia como um novo alicerce

É provável que a tecnologia (tanto a específica quanto a geral) venha a ter um papel tão fundamental na nova Educação para Melhorar o Mundo quanto a leitura e a escrita tiveram na educação antiga e acadêmica. Ainda não sabemos como criar a tecnologia que dê suporte à Educação para Melhorar o Mundo, por isso ainda estamos nas etapas iniciais de testes e experimentações. Não há dúvida de que novas infraestruturas educacionais fundamentais devem ser construídas, a exemplo de bancos de dados de projetos, sistemas para que alunos selecionem projetos que melhor combinem com seus interesses e novas maneiras de apresentar uma base curricular muito mais ampla. Também precisamos da ajuda da tecnologia para transformar nossos atuais professores, de fornecedores de conteúdo em *coaches*/orientadores/tutores/instrutores de que precisamos, como discutiremos no próximo capítulo. Que outros alicerces devemos consolidar, além desses?

À medida que essas novas tecnologias de apoio à educação para o mundo são criadas, podemos testá-las no movimento mundial de ABP ("Aprendizagem Baseada em Projetos" ou "Aprendizagem Baseada em Problemas") e em muitas escolas, faculdades e universidades que atualmente oferecem serviços sociais, trabalhos de conclusão de curso e outros projetos. Esses locais podem não apenas fornecer um bom *feedback*, mas também ajudar a criar desenvolvedores que projetem produtos adicionais de que precisarmos.

Os empreendedores de tecnologia educacional também devem procurar aprender mais com as empresas – Facebook, Google, YouTube, Amazon, Apple e outras – que já estão, de fato, conduzindo as maiores experiências educacionais do mundo. O YouTube talvez já tenha se tornado o maior educador gratuito do mundo – agora, é para lá que pessoas de todas as idades vão quando querem aprender sobre quase tudo –, com vídeos publicados tanto por seus pares como por especialistas. Essas empresas devem fazer mais para aumentar a utilidade de suas ferramentas de compartilhamento, cooperação social e colaboração – não apenas para educadores acadêmicos, mas também para crianças e jovens envolvidos na realização de projetos que melhoram o mundo. Dado que essas mesmas empresas estão também na vanguarda dos negócios, exigindo funcionários que sejam capazes de realizar muito mais do que nossos alunos formados na escola acadêmica de hoje em dia, as empresas devem procurar e criar produtos educacionais que contribuam para a realização de projetos do mundo real em ambientes educacionais – com base, se possível, em tecnologias que elas já tenham criado internamente para seus funcionários. Uma coisa útil a se notar é como essas empresas não têm receio de fazer testes e experimentos à medida que veem o mundo e seus clientes evoluírem rapidamente.

Moral da história

Para que a tecnologia educacional contribua verdadeiramente com a educação e com o avanço das crianças e dos jovens, ela deve deixar de dar respaldo ao antigo paradigma educacional acadêmico e ajudar a criar a nova e emergente Educação para Melhorar o Mundo, baseada em realizações na vida real que de fato aprimorem o mundo. Hoje, vemos surgir os primeiros frutos da tecnologia de suporte da Educação para Melhorar o Mundo (por exemplo, a DoSomething). Esses frutos precisam desesperadamente de financiamento, apoio e cultivo. E nós precisamos de muitos mais deles.

Pergunte a si mesmo: como a tecnologia pode ajudar crianças e jovens a identificar e tirar proveito de sua paixão, e a crescer aplicando essa paixão? De que modo a tecnologia pode conectá-los de maneira eficiente aos projetos do mundo real que serão sua educação no futuro? Como a tecnologia pode ajudá-los a se tornarem pessoas boas, competentes e capazes de melhorar o mundo? Como a tecnologia pode auxiliar os professores a adotarem uma nova maneira de pensar acerca do que significa a educação em nosso novo mundo?

Essas são certamente as perguntas que todas as empresas de tecnologia educacional devem se fazer. As *startups* e *edtechs* que estão se deslocando nessas direções – isto é, dando o salto por cima do vértice da curva rumo ao futuro cenário educacional – são as que realmente agregarão valor às crianças e aos jovens no longo prazo e as que sobreviverão e prosperarão em nosso mundo novo e emergente, repleto de tecnologia. A melhoria ínfima e paliativa de nosso sistema desatualizado por meio de tecnologia educacional é de muito pouco valor no longo prazo para os estudantes, a economia e a sociedade. Precisamos usar novas e poderosas tecnologias para nos ajudar a dar o salto sobre o vértice da curva rumo ao paradigma da Educação para Melhorar o Mundo.

A MUDANÇA NO PAPEL DO PROFESSOR NA EDUCAÇÃO DAS CRIANÇAS E DOS JOVENS
De fornecedor de conteúdo a empoderador

> *Só precisei de um verão para mudar.*
>
> – Jenny Henry, professora da 5ª série no condado de Douglas, Colorado

E quanto aos professores? Acredito que a orientação de adultos é fundamental para que os jovens se preparem e prosperem em seu futuro. Embora existam muitos adultos que influenciam as crianças – pais, mães, familiares e modelos –, repassamos para os professores grande parte da responsabilidade de prepará-las para o futuro. Hoje, existem no mundo entre 10 e 20 milhões de professores de ensino fundamental e médio – incluindo os cerca de 2 milhões dos Estados Unidos. É com eles que as crianças e os jovens passam grande parte de seu período formativo. Eles são essenciais para seu desenvolvimento. Em sua melhor forma, os professores propiciam coisas que nenhuma máquina pode oferecer, incluindo empatia, respeito, paixão e motivação. Mesmo com toda a nossa nova tecnologia, que avança a passos largos, é improvável que a necessidade de ótimos professores humanos desapareça em futuro próximo.

No entanto, para serem úteis, os adultos devem oferecer às crianças e aos jovens a orientação certa. Hoje, suas necessidades educacionais – e do mundo – estão mudando profundamente. Para atendê-las, os professores devem mudar e evoluir. A principal pergunta que eles e todos nós precisamos fazer é a seguinte: "O que nossos professores devem fazer, durante o tempo que passam com as crianças e os jovens, para melhor atendê-los e prepará-los para seu futuro?".

A resposta para essa pergunta já começou a mudar drasticamente em nossa era e contexto. Meu palpite é que cada pessoa que trabalha diariamente em uma sala de aula já sente que mudanças de grande envergadura estão ocorrendo, não apenas no mundo, mas nas crianças e jovens – o que eles são capazes de fazer, o que querem fazer e o que deveriam fazer. A maior parte dos professores sabe que essas mudanças impactam o modo como usam o tempo que passam com eles. De uma ponta à outra do planeta, muitos professores já vêm tomando medidas para fazer mudanças, de inúmeras maneiras.

No próximo capítulo, discutirei a probabilidade de a mudança chegar, algum dia, à corrente dominante da educação (uma dica: sou otimista). Neste capítulo, quero ajudar o maior número possível de professores a caminhar para uma nova e positiva direção, traçando a trajetória que, a meu ver, o ensino está percorrendo no mundo, e ainda fornecer, aos professores interessados, um caminho evolutivo rumo ao futuro.

Uma oportunidade positiva – e o caminho evolutivo em direção a ela

A emergente mudança na finalidade da educação, da conquista individual para a melhoria do mundo, afeta drasticamente a maneira como nossos professores precisam usar seu tempo. Já vemos em muitos lugares diferentes, dispersas aqui e ali, mudanças na profissão docente que apontam o caminho para o futuro. Essas mudanças oferecem uma oportunidade extremamente positiva para todos nós – professores, estudantes e sociedade.

Acredito que a maioria entende que os educadores têm de adaptar seu comportamento para atender às necessidades futuras de seus alunos – e do mundo. Fazer isso exigirá coragem – não apenas de nossos professores, mas de todos nós. Embora nem todos aceitem de bom grado mudanças em suas rotinas estabelecidas e na vida profissional, é extremamente importante que não deixemos que nosso medo de mudar nos sobrepuje ou nos impeça de fazer as adaptações de que precisamos. A própria definição de coragem é "sentir o medo e mesmo assim fazer o que for necessário".

A profissão de professor está mudando – assim como todas as demais

A mensagem deste livro é que uma nova educação básica está surgindo no mundo, e que o caminho a ser trilhado está se tornando cada vez mais nítido. Isso vale para o trajeto que os professores também devem percorrer. Não é um caminho rápido nem fácil para ninguém. Com certeza exigirá certo apoio do topo em sentido descendente, sendo provável que nem todos optem por segui-lo.

Mas esse caminho emergente é algo que todos que desejam assumir a função de professor no futuro devem entender e considerar. Alguns já deram os primeiros passos nesse sentido – conheceremos dois deles em breve. Minha sensação é de que, no longo prazo, a maioria dos professores acabarão optando por trilhar esse caminho. Primeiro, porque é a rota certa para atender às necessidades das crianças e dos jovens; e segundo, porque as recompensas psicológicas para aqueles que percorrerem esse caminho são enormes.

À medida que os professores começarem a alterar suas práticas, estarão na companhia da maioria dos outros profissionais do mundo. Todas as profissões e carreiras vêm passando por profundas adaptações ao novo mundo e seu contexto. Médicos e agentes da área da saúde assistem à evolução do seu foco – de curar doentes para ajudar as pessoas a alcançarem o bem-estar, conforme as informações e necessidades de seus pacientes mudam. No caso dos pilotos de linhas aéreas, o conjunto de habilidades relativas a controlar mecanicamente os aviões está passando por um gradual processo de evolução, em direção a resolver problemas quando as coisas dão errado, uma vez que os aviões começam a voar praticamente sozinhos. Tenho certeza de que você é capaz de pensar em outros exemplos.

A profissão de professor também está evoluindo.

A trajetória

A trajetória geral da mudança na profissão docente é do professor que deixa de ser "a pessoa que fica na frente de uma sala fornecendo conteúdo estabelecido e formal para turmas de estudantes" para assumir o papel de "treinar e empoderar equipes de alunos que fazem projetos da vida real, que melhoram o mundo". Em vez de dizer a eles como fazer as coisas e depois verificar se fizeram direito, o professor do futuro orienta os estudantes sobre como escolher projetos que os ajudarão a adquirir as habilidades necessárias e, então, os auxiliam na realização efetiva de seus projetos. Em suma, trata-se de uma mudança do "fornecimento de conteúdo e instrução direta" para "tutoria e empoderamento de crianças e jovens". Ou, como alguns já definiram, do "sabichão das salas de aula" para o "guia do dia a dia", em que a figura do "guia" acompanha a evolução do aluno ao seu lado e tem papel extremamente poderoso e importante.

Ir de um extremo a outro da trajetória requer seguir um caminho evolutivo. É dele que trata o restante deste capítulo.

O caminho evolutivo

Ao longo dos séculos, o mundo criou uma profissão universalmente reconhecida – o ensino –, com uma corporação profissional de praticantes – os professores – para ajudar a preparar as crianças e os jovens para o futuro. Hoje, a maioria desses professores, não importa de onde sejam, pode facilmente se identificar com outros em sua profissão.

Isso ocorre porque praticamente todos eles foram educados e treinados no mesmo sistema geral – a educação acadêmica que hoje é onipresente e pela qual passaram praticamente todos os que frequentaram uma escola. Embora os detalhes variem de um lugar para outro, o que toda a educação acadêmica exige dos professores é, basicamente, o fornecimento de conteúdo. Atualmente, a maior parte do conteúdo reside nas quatro áreas formadas por matemática, linguagem, ciências e estudos sociais (o currículo MESS) e o fornecimento é feito por meio de instruções diretas – embora haja, cada vez mais, outras áreas e meios de transmissão de conteúdo. O "conteúdo" em si pode variar de material a ser memorizado e decorado a material ao qual os estudantes devem aplicar complexas habilidades de pensamento – e as próprias habilidades.

Hoje, quase todos os professores são docentes acadêmicos, e a maioria de nós tem em mente – qualquer que seja o conteúdo fornecido – um ideal com relação ao que é um ótimo professor. A figura ideal "conhece o material de cor e salteado", "explica bem e é um(a) ótimo(a) comunicador(a)", "apresenta instruções inovadoras", "mantém os alunos interessados e sob controle", "é uma inspiração para os alunos", "faz as crianças e os jovens obterem melhores notas e se formarem". Esse paradigma do que um excelente professor deveria ser e fazer está profundamente arraigado na mente de muitas pessoas.

Mas é importante entender que esse ideal sobre o que é um professor de excelência e o que ele faz aplica-se quase inteiramente a um tipo específico de educação, ou seja, a educação acadêmica. Somente ela é um sistema baseado em hierarquia, no qual os professores estão no topo, controlam e gerenciam os alunos. Apenas a educação acadêmica exige explicações contínuas dos professores para toda a turma de uma só vez. Só ela tem como modelo paradigmático um professor de pé na frente da sala, com os alunos sentados e bem-controlados em quase todos os momentos. O ensino acadêmico pode ser efetuado de maneira mais ou menos rigorosa, mas o papel do professor é o mesmo em todo lugar: fornecer conteúdo aos alunos.

A luta

O fornecimento de conteúdo, no entanto, já não é mais a melhor maneira, tampouco a mais correta, de ensinar as crianças para o futuro. Atualmente, todo professor acadêmico enfrenta uma questão importante, contra a qual trava (ou precisa travar) uma luta: a educação acadêmica não funciona mais tão bem para as crianças e jovens quanto no passado. Embora essa questão não seja criada por obra dos professores, todos eles precisam lidar com ela. Hoje, o paradigma acadêmico da educação básica – apesar das inúmeras e contínuas tentativas de aprimorá-lo – está falhando em muitos casos e começando a se tornar obsoleto.

À medida que o mundo faz a transição entre duas épocas muito diferentes, os professores se veem presos a dois conceitos muito distintos de como deveriam ser a educação e o ensino. De um lado, o sistema acadêmico do passado, que atualmente domina o mundo, mas que muitos reconhecem que está se tornando cada vez menos eficaz e aplicável ao futuro. De outro, a nova educação alternativa emergente, na qual as crianças e os jovens são mais respeitados e dignos de confiança e são educados por meio de ações e realizações de projetos reais que tornam o mundo um lugar melhor – aprimorando a si mesmos no processo.

A ironia

A ironia por trás da luta é que, à medida que um contingente cada vez maior de professores começa a perceber que a educação acadêmica do passado não é mais apropriada para o futuro dos jovens, muitos deles estão sendo pressionados, tanto por administradores e diretores de escolas quanto por famílias, a ter um desempenho melhor no ensino acadêmico tradicional (ou seja, no fornecimento de conteúdo). Em sua maioria, as avaliações de qualidade de nossos sistemas educacionais atuais baseiam-se em quão bem os professores ensinam os conteúdos convencionais e no grau com que os estudantes os absorvem. Trata-se de um grande problema, bastante frustrante para os professores, que veem que seus alunos precisam de algo diferente e se sentem impedidos pelo "sistema" de oferecer-lhes isso ("O que eu ensino realmente é o que as crianças e os jovens precisam saber?", tuitou um professor). Um número cada vez maior de professores, nos termos que usamos no capítulo anterior, sentem-se cravados no vértice da curva entre dois mundos educacionais.

É óbvio que não há nada de inerentemente errado no conteúdo ou em fornecê-lo – há muitos casos em que as pessoas recebem conteúdo apropriado e útil. Mas importante mesmo é entender que *fornecer conteúdo – especialmente via instrução direta nas salas de aula – não é a única maneira de educar as crianças e os jovens.* Com efeito, a instrução direta de conteúdo já está perdendo o fôlego e deixando de ser o principal meio de realizar a educação básica. Em nosso mundo, repleto de tecnologia e em rápida evolução, o "conteúdo", tal qual costumava ser entendido, está sendo incorporado e inserido em uma nova visão de ensino – aquela em que prevalece a orientação e o empoderamento das crianças e dos jovens para realizar. Nessa nova perspectiva, conteúdo e instrução vêm somente quando e conforme necessário, e a partir de muitas fontes, incluindo, além de professores, tecnologia e colegas. À medida que rumamos para o futuro, o trabalho de fornecedor de conteúdo em tempo integral está começando a se tornar menos popular e mais marginal – assim como ocorreu com os ofícios de ferreiro ou comerciante de cavalos, quando nosso principal modo de transporte passou das carroças para os automóveis. Já está claro que, no futuro, os professores farão algo bem diferente no período que passarem com seus alunos.

Para onde vai o ensino: empoderando as crianças e os jovens para melhorar o mundo

Felizmente, tanto para os professores como para todos nós, à medida que a educação acadêmica vai ficando obsoleta, uma alternativa vai surgindo. O que está por vir não é apenas uma "versão melhorada do antigo estilo acadêmico", com aulas, conteúdo e instruções atualizados, mas uma educação baseada no entendimento dos alunos sobre sua capacidade de realização real no mundo – coisas pelas quais se interessam com apaixonado entusiasmo –, concluindo, ainda como estudantes, projetos que tornarão o mundo um lugar melhor, em âmbito local e global. Como já observamos anteriormente, além de um Pensamento Efetivo, essa educação emergente também abrange Ação, Relacionamentos e Realizações efetivos.

O ensino da Educação para Melhorar o Mundo baseia--se no empoderamento das crianças e dos jovens para concretizarem realizações no mundo, em vez de apenas lhes fornecer conteúdo. Esse modelo educacional tem o duplo benefício de não simplesmente melhorá-los como indivíduos – em mais aspectos do que agora –, mas também de aprimorar de imediato o mundo deles, no processo. Por causa disso, a Educação para Melhorar o Mundo está crescendo por toda parte e, muito provavelmente, em longo prazo, triunfará.

Professores como "empoderadores"

O atual momento requer muito mais crianças e jovens empoderados, aptos a concretizar realizações e melhorar, à sua maneira, o mundo em que vivem, e muito menos com a cabeça repleta de conteúdos escolares convencionais. Daqui em diante, precisaremos *não* de crianças e jovens que aprenderam o que já é conhecido ou que dominaram apenas um conjunto restrito de habilidades de raciocínio (por mais importante que isso seja), e *muito menos* daqueles que "aprenderam a aprender". Precisaremos de crianças e jovens que, por meio de seus próprios esforços, como resultado de sua educação básica e com a ajuda de professores, de colegas e da tecnologia, descobriram como concretizar realizações de maneira efetiva e aplicar sua paixão para melhorar o mundo. E, para chegar lá, eles necessitam de um tipo novo e diferente de ajuda dos professores, que vai além do conteúdo acadêmico que lhes fornecemos e das habilidades abordadas pelo ensino de hoje.

Evoluindo para o novo papel de *coach* e empoderador

Assim, no mundo atual, surgem diferentes significados para o termo "professor" e um novo tipo de profissão docente. Se no passado essa palavra significava "fornecedor de conteúdo" (e às vezes de habilidades), hoje "empoderador e *coach*" são o novo significado do que virá a ser o papel do professor no futuro. À medida que a educação mundial evolui em direção a um novo modelo e paradigma, gradativamente a classe de professores de todo o mundo – com sorte, em breve, e quanto antes, melhor – abandonará a função de fornecedores de conteúdo, preparando-se para assumir a de empoderadores.

É improvável que o trabalho de fornecedor de conteúdo e a educação acadêmica que lhe dá respaldo desapareçam *por completo* – pouca coisa no mundo some de vez. Mas a mudança, acredito, já começou. Está agora em seus estágios iniciais, e os professores mais inovadores e de mentalidade mais progressista já evoluíram para o papel de empoderadores. Embora para alguns professores a evolução se assemelhe à sensação de "saltar de um penhasco" (como um deles definiu), muitos descobriram (segundo assegurou um outro que fez a transição) que "o paraquedas se abriu".

De fato, alguns professores novatos já iniciam a carreira como empoderadores, e não como fornecedores de conteúdo. Eles encontraram escolas, sistemas escolares, administradores, famílias que os apoiam nesse processo, e a quantidade desses professores e de seus apoiadores vem aumentando. Algumas escolas e administradores já procuram contratar professores que sejam empoderadores. Muitos da ativa estão encampando o novo papel e já lecionam pondo em prática os conceitos de apoiar e orientar seus alunos, à medida que eles pesquisam e encontram problemas do mundo que desejam resolver, desenvolvem os conhecimentos necessários e mobilizam os recursos para resolvê-los. Em breve, poderemos ver o dia em que os administradores das escolas começarão a anunciar que estão à procura de "professores empoderadores" em uma categoria separada, estimulando a mudança.

Perguntas difíceis

Hoje em dia, além de todas as questões com as quais sempre tiveram que lidar, os professores devem se perguntar:

"De que modo posso me preparar e desenvolver minhas habilidades para fazer parte da evolução que está ocorrendo na educação e no ensino?"; "Devo (e sou capaz de) passar de uma função básica de fornecedor de conteúdo para empoderador?"; "Eu quero fazer isso?"; "Como posso fazer a mudança?"; "Onde encontro modelos?"; "Posso mesclar, em minha atividade docente, o fornecimento de conteúdo e o empoderamento, ou são papéis separados?". De fato, os professores estão começando a chegar a um ponto em que terão de fazer uma mudança de grande envergadura. Eles devem:

- manter-se aferrados ao fornecimento de conteúdo e ensino acadêmico (e possivelmente até ficarem melhores nisso, embora propiciando cada vez menos benefícios para seus alunos em longo prazo);
- abandonar a profissão de professor;
- caminhar, com o mundo e as necessidades das crianças e dos jovens, rumo ao empoderamento;
- ou tentar colocar em prática os dois tipos de ensino (ou combiná-los)?

Não são perguntas fáceis. Com frequência, administradores e famílias de alunos fazem forte pressão sobre os professores para que continuem levando adiante o ensino acadêmico tradicional e de maneira ainda mais rígida. Contudo, há uma pressão crescente sobre os professores, em mais e mais instâncias, feita de baixo para cima, por parte de estudantes que clamam por algo melhor.

Permita-me propor um ponto de vista.

Dois diferentes tipos de ensino: não híbridos, mas possivelmente, por ora, em paralelo

À medida que as finalidades da educação começam a mudar da conquista individual para a realização no mundo real, uma vez que queremos que nossos professores estejam prontos para preparar as crianças e os jovens para o futuro, seria melhor, acredito, que articulássemos dois "tipos" separados e distintos de ensino – bem como um caminho para ajudar os professores a fazer a transição de um tipo para o outro.

O primeiro tipo de ensino, o tradicional, é o que a maioria dos professores sabe fazer e faz todos os dias – o atual modelo de ensino acadêmico. O objetivo principal do professor acadêmico – como recentemente disseram, em termos inequívocos, a um novo professor que fez a transição para o outro modelo de educação – é fornecer conteúdos. Suas metas são fazer com que os alunos os aprendam e, para isso, ele utiliza vários métodos de transmissão desse conteúdo (pedagogias). Qualquer que seja a pedagogia empregada por um professor acadêmico, com ou sem tecnologia, seu trabalho é fazer com que os alunos aprendam um currículo predeterminado de conhecimentos e/ou habilidades. Os professores acadêmicos estão sempre se esforçando para melhorar a forma como fornecem esse conteúdo, e as escolas, sempre tentando avaliar quanto cada aluno – e cada classe como um todo – aprendeu.

O segundo tipo de ensino, o de empoderamento, é um processo completamente diferente. Seu objetivo não é que os alunos aprendam conteúdos específicos e pré-especificados em um determinado momento. É, antes, um processo de empoderar os alunos para que se tornem bons, eficientes e aptos a aprimorar o mundo por intermédio da concretização de projetos. O meio utilizado não é o fornecimento de conteúdo, mas sim a orientação dos alunos para realizações no mundo real. O trabalho consiste em empoderar os alunos a aplicar – por sua iniciativa própria – suas paixões na execução de algo de que eles já desejem fazer (e que sejam capazes de fazer, em algum nível), além de direcionar seus esforços para melhorar seu mundo em âmbito local ou global. Há um amplo conjunto de habilidades subjacentes a serem adquiridas ao longo do caminho por todos os alunos, mas, na Educação para Melhorar o Mundo, isso acontece de maneira diferente, em uma ordem distinta e em momentos específicos para cada indivíduo.

O ensino empoderador requer, por parte do professor, um conjunto de atividades e crenças que difere totalmente do fornecimento de conteúdo.

É óbvio que a maioria dos professores pelo mundo afora já é efetiva, em maior ou menor grau, no fornecimento de conteúdo. Todavia, cada vez mais, existem abundantes exemplos de competentes professores empoderadores. Eles podem se tornar bons em um ou outro tipo de ensino e, quiçá, em ambos: o mesmo professor pode, já hoje, fornecer conteúdos durante o horário letivo e empoderar os alunos nas atividades extracurriculares sob sua batuta. Não resta dúvida de que é possível que os dois tipos de ensino sejam realizados em uma única escola – seja por um mesmo ou por diferentes professores.

Ambos ao mesmo tempo, não

Mas é impossível, creio eu, que um professor forneça conteúdos e empodere seus alunos *ao mesmo tempo*. É inútil pedir aos professores que transmitam conteúdo de maneira empoderadora (por exemplo, abrindo mão do controle) ou pedir que empoderem as crianças e os jovens instruindo-os sobre o conteúdo. Isso só levará à frustração e ao fracasso.

Não se trata de buscar uma "combinação", mas uma *escolha* que os professores devem fazer a cada momento. Para que eles passem de fornecedores de conteúdo a empoderadores (talvez voltando a ser fornecedores de conteúdo, se for o caso), é muito mais fácil, acredito, se levarem em conta que os dois tipos de ensino são distintos – não habilidades a serem mescladas ou realizadas simultaneamente. Dessa forma, podem saber com exatidão o que estão fazendo e o que se espera deles. Do contrário, eles e todos nós ficaremos tremendamente confusos e frustrados – o que é mais ou menos o estado atual das coisas. Alguns falam de um "sistema híbrido", em que o ensino acadêmico ocupa parte do tempo e o empoderamento assume as rédeas em outros momentos. Isso pode funcionar, mas é diferente de fazer as duas coisas ao mesmo tempo.

É claro que, quando uma pessoa faz dois trabalhos diferentes, nem sempre ambos são realizados de mesma maneira ou igualmente bem; um deles costuma ser favorecido, ou preferido, em detrimento do outro. No entanto, as preferências por um dos papéis podem mudar com o tempo, à medida que as pessoas se tornam mais confortáveis em um deles. Muitos professores que mudaram para o empoderamento jamais voltaram.

Assim, recomendo que, ao fazer a transição, os professores – e todos nós – pensemos em dois tipos alternativos e separados de ensino. Migrar de um tipo para outro envolve mudar algumas atitudes fundamentais sobre o que é o ensino e, nas palavras de um professor que fez uma transição bem-sucedida, um bocado de desapego, especialmente com relação aos comandos rígidos da sala de aula e ao controle do comportamento dos alunos, que quase sempre caracterizam a educação acadêmica. Alguns acham isso difícil, mas nem todos compartilham dessa opinião.

Parte desse desapego já está em curso nos últimos 15 ou vinte anos – muitos professores fizeram a transição e deixaram de ser conhecidos como "sabichão das salas de aula", e passaram a ser o "guia do dia a dia". Esse movimento envolveu a compreensão de como ajudar os alunos a se tornarem agentes de sua própria aprendizagem e líderes de seus próprios projetos. Uma boa parte da "Aprendizagem Baseada em Projetos" ou "Aprendizagem Baseada em Problemas" (ABP) se encaixa nessa categoria de transição e pode ser vista como um primeiro passo em direção ao empoderamento, porque os alunos têm mais liberdade de ação e responsabilidade individual.

Porém, na ABP, conforme é praticada atualmente, os professores quase sempre orientam os alunos considerando uma grade curricular específica, para atender a um conjunto de conteúdos padronizados. No novo papel de empoderadores, o desapego vai muito além. Não existe um currículo fornecido universalmente – apenas um conjunto de habilidades subjacentes, a serem adquiridas por todos em vários momentos e de diversas maneiras. Os professores devem confiar mais profundamente nos alunos e dar-lhes muito mais liberdade. Os estudantes aprendem habilidades e informações sobre o mundo enquanto resolvem problemas locais e mundiais, que eles mesmos selecionam. No novo papel, o professor escancara para os alunos as portas do mundo, com os problemas existentes nele, os conhecimentos e recursos de que ele dispõe e suas possibilidades de mudança.

Os professores que já iniciaram a transição precisam, por fim, evoluir de "guia inserido em uma estrutura curricular" para "empoderador, em que professor e aluno ganham liberdade". A meta final é uma estrutura muito mais flexível, na qual cada aluno é o iniciador e o professor faz as vezes de apoiador, dando respaldo a cada um na resolução de problemas do mundo real, visando ao desenvolvimento de habilidades de Pensamento Efetivo, Ação Efetiva, Relacionamentos Efetivos e Realizações Efetivas. Os professores que desejam acelerar essa transição podem tentar fazer os diferentes tipos de ensino em dias separados da semana. Minha amiga, a professora Esther Wojcicki, tem uma formidável versão do que ela chama de "segundas-feiras de *moonshot*[51]".

---

51 *Moonshot*, termo emprestado do literal "voo à Lua", é usado para qualificar projetos que pretendem resolver um enorme problema usando soluções radicais e tecnológicas bastante inovadoras. É uma forma de pensar ambiciosa, investigativa e disruptiva em relação a projetos. Em educação, o método *moonshot*, apresentado por Esther Wojcicki na década de 1980 para setecentas crianças em Palo Alto, no Vale do Silício (Estados Unidos), consiste na implementação de uma organização didática baseada no uso de recursos de tecnologia digital em que os professores

Descrição do novo papel de empoderador

É claro que, antes de optar por mudar para um novo emprego ou função, qualquer pessoa certamente quer ter uma boa ideia do que isso envolve. Qual é, exatamente, o trabalho de um empoderador?

O papel de um professor empoderador é possibilitar que crianças e jovens de todos os níveis tenham êxito em uma série de projetos da vida real, sucessivos e cada vez mais desafiadores, que melhoram o mundo: projetos que eles próprios escolham, que beneficiem o mundo e a eles mesmos, que utilizem e apliquem suas paixões, ampliando suas capacidades, que levem os alunos a se tornarem pessoas boas, competentes e aptas a melhorarem o mundo de maneira concreta.

Uma coisa interessante sobre esse tipo de ensino é que o professor não precisa necessariamente conhecer muito sobre o "conteúdo" dos projetos. Uma professora de ensino fundamental que orienta uma equipe na fabricação de um robô, por exemplo, pode não saber quase nada sobre robótica. Mas com certeza pode ser muito efetiva ao instruir a equipe para obter todas as informações e conhecimentos necessários e ajudá-la em meio aos percalços das difíceis etapas para a realização de seu objetivo.

---

devem ensinar aos estudantes como extrair informações úteis da tecnologia. Segundo Wojcicki, por meio da integração das tecnologias digitais ao currículo, os educadores do século XXI são mentores, e os alunos devem ser protagonistas para descobrirem o gosto pelo estudo. No método *moonshot*, crianças e adolescentes dedicam 20% do tempo de aula, ou um dia por semana, para desenvolver um projeto próprio e que seja importante para eles; desse modo, aprendem a liberar a mente de amarras e regras, ficando livres para questionar e testar novas abordagens. (N.T.)

Aprendendo um novo tipo de ensino

Uma vez que quase todos os professores hoje em dia trabalham com educação acadêmica, que eles mesmos conheceram e sentiram na pele em sua época de estudantes, para fazer a transição e aprender o novo trabalho de empoderador, eles precisarão aprender a fazer uma distinção entre três coisas – e as pessoas que lhes dão respaldo precisarão ajudá-los em sua percepção quanto à diferença entre:

1. Atividades que são específicas do fornecimento de conteúdo e que os professores precisam *interromper* ao realizar o trabalho de empoderamento. Entre essas atividades incluem-se "instrução direta", "dar conta de ministrar todo o conteúdo programático" e "ensinar, na ordem, o conteúdo curricular recomendado" (professores empoderadores podem, é claro, ajudar as crianças e os jovens a aprenderem – sobretudo por conta própria – tudo aquilo de que eles precisam para realizar e concluir seus projetos).

2. Atividades que os professores já fazem e que são *comuns aos dois* tipos de ensino, e que eles precisam fazer ainda mais no papel de empoderadores. Essas atividades incluem principalmente o comportamento e a atitude do professor com relação aos alunos. A professora empoderadora Esther Wojcicki (que inventou as "segundas-feiras de *moonshot*" e a quem conheceremos melhor em breve) sintetizou muito bem essas habilidades em seu acrônimo TRICK, que significa *Trust, Respect,*

*I*ndependence, *C*ollaboration e *K*indness (Confiança, Respeito, Independência, Colaboração e Bondade). Essas atitudes são úteis, é claro, para qualquer professor, mas, sem elas, o empoderamento se torna impossível. Na medida em que os professores acadêmicos já fazem essas coisas ao fornecer conteúdo, devem continuar a fazê-lo enquanto empoderam seus alunos. Para aqueles que atualmente empregam menos confiança, respeito, independência, colaboração e bondade em sua relação com os estudantes no ensino acadêmico, tornar-se um professor empoderador será mais difícil e envolverá mais mudanças.

3. Atividades que são específicas do empoderamento – novas atividades que todo professor que realiza esse trabalho precisa aprender e dominar. Elas incluem ajudar as crianças e os jovens a encontrarem e realizarem projetos que se encaixem em seus pontos fortes, combinem com seus interesses e lhes permitam aplicar profundamente suas paixões; orientar seus alunos para persistir e concluir seus projetos, oferecer a ajuda e o *feedback* de que precisam ao longo do caminho e compreender o que conquistaram ao fazê-lo; saber quais projetos e funções ajudarão cada um a se desenvolver e ampliar suas competências; permitir que as crianças e os jovens progridam em sua própria velocidade, contanto que sigam em direção ao objetivo adequado, mesmo que haja inúmeras falhas ao longo do processo; a possibilidade de construção de habilidades por parte das crianças e dos jovens, não

apenas de pensamento efetivo, mas de Ação Efetiva, Relacionamentos Efetivos e Realizações Efetivas, enquanto eles realizam seus projetos.

O papel de empoderador é uma tarefa muitíssimo nova para um professor acadêmico aprender a fazer.

Alguns empoderadores que conheci

Muitos professores, no entanto, já aprenderam como fazê-lo. Conheço pessoalmente – e também de ouvir falar – muitos professores empoderadores no mundo. Hoje em dia alguns poucos, no entanto, fazem o trabalho de empoderamento em tempo integral. Uma educadora que vem exercendo esse trabalho há muito tempo (e que é uma das melhores nisso) é Esther Wojcicki.

Durante 31 anos, Esther lecionou língua inglesa e jornalismo na Palo Alto High School ("Paly"), na cidade de Palo Alto, estado da Califórnia (a mesma onde fica a Universidade Stanford). Agora, no que pode ser seu último ano letivo como docente em período integral, ela trabalha em uma bela e nova instalação personalizada, conhecida como Media Arts Center (Centro de Mídia e Artes). Porém, durante quase todo o tempo em que atuou como professora, Esther deu aulas no que é conhecido como "a temporária" – uma sala grande e úmida, que eu chamaria de "barracão militar". Em suas aulas, essa sala ficava apinhada até o teto de estudantes, oitenta de cada vez, junto com as pilhas de jornais e revistas que eles liam e produziam.

É importante ouvir Esther falar com as próprias palavras sobre seu trabalho, e há vários vídeos on-line em seu site[52]. Esther publicou recentemente um livro sobre ensino intitulado *Moonshots na educação*[53], no qual discute sua metodologia e os resultados. Seus ex-alunos dão testemunhos frequentes sobre a eficiência de seu trabalho, destacando como podem levar seus sonhos a sério e torná-los realidade.

É isso que faz um professor empoderador – é isso que está em sua essência, é disso que trata o empoderamento.

Uma segunda professora cujo trabalho de empoderamento quero destacar é Jennie Henry, que dá aulas para a 5ª série no Condado de Douglas, no estado norte-americano do Colorado. Por muitos anos, Jennie foi uma professora tradicional, fornecedora de conteúdo, frustrada, como muitos educadores, com o sistema acadêmico e como ele não permitia que seus alunos florescessem tanto quanto ela achava que eram capazes. Assim, Jennie passou um verão inteiro pensando muito sobre o que fazer; voltou no outono como uma empoderadora – permitindo que seus alunos fizessem projetos para melhorar o mundo como uma parte substancial de seu processo de educação e ajudando-os a realizá-los. Vi o orgulho estampado no rosto de Jennie e de sua então superintendente, a dra. Elizabeth Fagan, que lhe deu todo o apoio necessário, ao chamarem para o palco as crianças que descreveram o robô que elas mesmas projetaram e construíram para ajudar um colega

---

52 Disponível em: <www.moonshotsedu.com>. Acesso em: 2 fev. 2020.
53 WOJCICKI, Esther. *Moonshots na educação: ensino híbrido e aprendizagem colaborativa na sala de aula*. São Paulo: Panda Books, 2019.

com deficiência a assistir às aulas e a participar de tudo, mesmo estando confinado à cama. Jennifer é a professora que diz a todos os seus colegas: "Pode pular do penhasco – o paraquedas vai abrir" e "Só precisei de um verão para mudar".

O terceiro empoderador que mencionarei não é um professor, mas um veterano administrador de escola que trabalha em conjunto com seus professores. David Engle, que recentemente se aposentou do cargo de superintendente escolar na cidadezinha de Port Townsend, no estado norte-americano de Washington, depois de uma carreira de bem-sucedidas funções administrativas em vários outros lugares, diz a todos os professores o seguinte: "Quero que todas as suas crianças realizem projetos no mundo real. Mas, antes de eu aprovar qualquer projeto, você precisa me mostrar como ele beneficiará a comunidade". David passou toda a sua carreira construindo sólidas relações entre escolas e comunidades locais e incentivando os alunos a se envolverem em projetos de âmbito local. Ele cita a capacidade de seu enfoque de alcançar até mesmo alunos "perdidos" – a exemplo de um menino "totalmente desmotivado" que ele viu encontrar sua paixão na sala de máquinas de um velho barco, que o menino restaurava para a comunidade.

Vale ressaltar que as três pessoas que acabei de mencionar trabalham em escolas públicas e não em escolas particulares independentes – muitas das quais realizam projetos de serviço social há muito tempo e já estão rumando para direções mais empoderadoras.

Por que um professor se tornaria um empoderador? O que ele ganha com isso?

Quase todos os professores atuais são fornecedores de conteúdo, e muitos já são bons ou ótimos nisso. Eles sabem como fazer o que é exigido deles no ensino tradicional – ou seja, fornecer conteúdo, controlar suas salas de aula e aumentar os "resultados" dos alunos (definidos como notas e índices de formados). O que esses professores acadêmicos pensam do novo trabalho de empoderador? Terão vontade de aprender a exercer esse papel?

Alguns, é claro, resistirão e se recusarão a trilhar o caminho rumo ao futuro – pelo resto de sua carreira docente, continuarão fornecendo conteúdos para as crianças, os jovens, suas famílias. Talvez não haja nada que possamos fazer para influenciá-los, a não ser mostrar-lhes estudantes e famílias mais felizes com o empoderamento e deixá-los ouvir depoimentos de colegas que fizeram a mudança. Mas essas pessoas devem entender que seus alunos sofrerão com uma educação exclusivamente acadêmica – se não em termos de notas, em termos de estarem realmente preparados para o futuro.

Tenho uma forte impressão, no entanto, de que muitos dos professores acadêmicos atuais ficarão bastante satisfeitos e agradecidos por terem a oportunidade de avançar. Hoje, existem muitos deles que se sentem frustrados com o mero fornecimento de conteúdo e ansiosos por fazer algo mais benéfico para os alunos. Também há muitos jovens entrando agora na carreira docente, que não querem repetir o que foi feito – inclusive com eles próprios – no passado. Muitos estão procurando uma nova rota. Empoderar as crianças e os jovens para melhorar seu mundo é um trabalho muito diferente de fornecer conteúdo e aprimorar o desempenho dos alunos nas provas e exames. Empoderar é um trabalho que julgo ser atraente para muitos professores em todo o mundo. E, para alguns professores, a mudança não será novidade. Existem muitos que – embora saibam que estão no sistema acadêmico – já se veem como empoderadores. Acabamos de conhecer alguns deles. "A paixão e o trabalho da minha vida têm sido 'empoderar' os jovens em vários ambientes, situações e relacionamentos", diz Esther Wojcicki. Muitos professores em papéis ligados à tecnologia já veem seu trabalho como empoderamento de alunos (e de outros professores). Para essas pessoas, que já fizeram a mudança no pensamento e/ou na prática, especificar e nomear um novo papel docente – o de empoderador – será uma mudança bem-vinda em direção ao futuro. Esses professores já estão procurando escolas e administradores que os apoiarão em sua busca.

E não nos esqueçamos de nossas faculdades de pedagogia e programas de formação de professores em serviço. Essas instâncias também precisam começar a mudar rapidamente e deixar de ensinar fornecimento de conteúdo, para ensinar o empoderamento dos alunos. Embora as faculdades de pedagogia tendam a ser conservadoras, algumas, como a Universidade Stanford, na Califórnia, já estão buscando essas novas direções. Quanto mais cedo a alternativa de ensino empoderador entrar na preparação de nossos professores em programas de formação, e quanto antes as pessoas ingressarem na carreira docente porque desejam empoderar crianças e jovens, melhor será. Eu e outros com certeza procuraremos promover essa mudança.

Incentivos à mudança

Uma das coisas mais lamentáveis sobre nossa educação acadêmica tradicional é o que ela fez com muitos daqueles que escolheram se tornar professores. Ser um fornecedor de conteúdo e "melhorador de desempenho acadêmico" nesses tempos de mudança tornou muitas dessas pessoas de inovadores, bem-intencionados, realmente interessados em ajudar as crianças e os jovens, em seguidores de regras e conteúdos curriculares, que temem perder o emprego caso ousem fazer o que sabem que é certo para seus alunos.

Fazer mudanças, no entanto, exige esforço, e as pessoas costumam precisar de incentivo para dar o máximo de si – isto é, o esforço precisa lhes trazer, em curto ou em longo prazo, algo que elas valorizem. Como a maioria de nós, os professores valorizam, entre outras coisas, satisfação no trabalho, conforto e recompensas monetárias, e não são avessos a se esforçar com afinco além do trabalho diário para alcançá-los. Uma vez que o ensino acadêmico normalmente oferece maior remuneração aos professores mais bem-qualificados e com melhor titulação, muitos docentes continuam a investir em sua formação acadêmica enquanto lecionam.

A mudança para a função de empoderador pode potencialmente aumentar também os salários dos professores? Embora nem de longe isso esteja claramente definido, uma Educação para Melhorar o Mundo aprimora o mundo de maneiras reais e mensuráveis. À medida que essas melhorias vão demonstrando a agregação de valor como fruto dos investimentos educacionais na Educação para Melhorar o Mundo, espera-se que os professores sejam mais valorizados, aumentando seus salários. A remuneração em algumas escolas particulares experimentais já é mais alta que a média – pode ser que estejam pagando mais a bons e empoderadores professores.

Neste momento, ainda é matéria para especulação saber se os salários desses profissionais subirão à medida que a educação passar do fornecimento de conteúdo ao empoderamento. Mas apenas continuar afirmando que nossos professores "valem mais do que a remuneração que recebem" não provou ser um argumento eficaz para aumentar seus salários. Uma vez que as crianças e os jovens empoderados puderem realmente agregar valor ao mundo, o argumento de que os professores devem ser mais bem-remunerados para empoderar os alunos em vez de lhes fornecer conteúdos, pode ser algo muito mais fácil de propor.

Também haveria um vigoroso incentivo para que os professores adotassem o modelo do empoderamento se isso tornasse sua vida profissional mais fácil. Aprender e assumir o novo papel de empoderador faria isso? A resposta é, quase certamente, "sim" – mas uma coisa deve ficar clara: somente em longo prazo e depois do investimento de muito esforço. Aprender a fazer qualquer nova função exige trabalho; não é fácil para a maioria. Porém, uma vez concluídas as etapas iniciais desse trabalho, é mais fácil exercer a função de empoderador do que a de fornecedor de conteúdo. Não ficar de pé na frente da turma, falando durante horas a fio e todo santo dia, não corrigir provas e trabalhos, não preparar planos de aula diários, libera um bocado de tempo. Há muitas outras coisas que os empoderadores precisam fazer com esse tempo, é claro, mas muitos professores as verão como menos onerosas.

Um terceiro incentivo à mudança – e para muitos este talvez seja o maior – é o aumento da satisfação no trabalho, ou seja, tornar a vida profissional mais interessante, instigante e "espiritualmente" recompensadora. Tornar-se um professor empoderador certamente fará isso. Atuar como *coach*, orientando seus alunos a realizar projetos que são de sua própria iniciativa e nos quais eles aplicam plenamente suas paixões, é muito mais interessante, instigante, recompensador e agradável do que tentar fazer com que eles se envolvam com algo para o qual não dão a mínima. Ajudar e supervisionar os estudantes na realização de projetos que efetivamente melhoram o mundo – e ver sua confiança elevar à medida que fazem isso – é muito mais gratificante para a maioria dos professores do que vê-los aumentarem suas notas em alguns pontos e décimos. Uma grande parte da maior satisfação no trabalho vem do fato de que a função de empoderador – muito mais do que a de fornecedor de conteúdo – é verdadeiramente um trabalho que vai melhorar o mundo de tal maneira, que será possível ver e sentir a mudança de imediato.

O melhor argumento para a mudança

Como os melhores professores são sempre aqueles que se preocupam profundamente com seus alunos e com suas reais necessidades, talvez o melhor argumento para convencer todos eles a se tornarem empoderadores é o fato de que os estudantes de fato precisam deles.

No futuro, qualquer aluno que *não* tenha adquirido, como resultado de sua educação, uma compreensão de como aplicar sua singular mistura de habilidades para concretizar realizações positivas no mundo real; que *não* possua um histórico dessas realizações; que *não* tenha dominado, além das habilidades de raciocínio disciplinado, as de ação, relacionamentos e realizações necessárias para obter sucesso; que *não* tenha se tornado o tipo de pessoa boa, capaz e apta a *realizar melhorias* da forma que as instituições e o mundo do futuro exigirão; e que *não* tenha se tornado simbiótico com o novo mundo da tecnologia, provavelmente não chegará longe – por mais que tenha sido instruído em matemática, linguagem, ciências e estudos sociais e que tenha aprendido esses conteúdos.

Como é que podemos, como educadores, *não* estar à altura dessa necessidade? Como cidadãos, não podemos deixar que a necessidade de mudança na educação – e no modo como nossos professores a realizam – ponha em risco o futuro de nossa sociedade, das crianças e jovens, e do povo. Se permitirmos que os professores continuem fornecendo o mesmo tipo de educação acadêmica baseada em conteúdos que eles têm praticado até agora – mesmo que venham fazendo isso extremamente bem e ao longo de toda a vida –, todo o nosso povo, tanto as crianças quanto os adultos, sofrerão imensamente. Não é suficiente nem mesmo argumentar que a educação acadêmica baseada em conteúdos pode ajudar alguns jovens a ingressar na faculdade e ter sucesso no curto prazo. Mesmo que isso ainda seja verdade no momento, muito em breve não será. A educação e os professores também devem se adaptar ao novo mundo, tornando-se empoderadores – e têm de fazê-lo rapidamente.

Como tornar-se um empoderador

Suponha que você – ou qualquer professor – queira fazer a transição, deixando de ser um fornecedor de conteúdo para ser um empoderador. O que você pode e deve fazer? Que medidas deve tomar?

Felizmente, temos assistido ao surgimento de novos grupos para ajudar professores a fazer a transição. Um deles é o Global Moonshots in Education[54], de Esther Wojcicki.

Se você é professor e tem o desejo de seguir nessa direção, deve, é claro, ser realista com relação ao fato de que provavelmente enfrentará imensas barreiras a serem superadas. Mas saber quais são essas barreiras ajudará você a vencê-las com mais facilidade.

É quase líquido e certo que (1) terá que lutar contra o saber educacional convencional. Se hoje você é um professor acadêmico tradicional, provavelmente foi instruído, desde o primeiro dia, de que seu trabalho principal – não importa qual seja seu pensamento acerca do que seus alunos precisam ou sua filosofia pessoal sobre ajudá-los – é o de fornecer conteúdo. Você provavelmente também foi informado, como os professores acadêmicos costumam ser, que suas outras tarefas-chave são (2) gerenciamento da sala de aula (isto é, garantir que os estudantes trabalhem silenciosamente em quaisquer tarefas que lhes forem passadas) e (3) melhorar os resultados (por exemplo, garantir que seus alunos obtenham notas mais altas). Mais recentemente, os professores acadêmicos também são informados de que

---

54 Disponível em: <www.moonshotsedu.com>. Acesso em: 28 maio 2021.

precisam enfocar mais as habilidades, definidas principalmente como "habilidades de raciocínio disciplinado". Mas a educação abrange muito mais do que esse saber convencional, e você vai precisar ter em mente, com muita clareza, que o objetivo que *você* traçou para os alunos é a realização.

Uma segunda barreira que talvez tenha que superar é a pressão dos colegas e da administração. Muitos professores novatos com "ideias diferentes" são, por vários meios e de diversas maneiras, pressionados a se sujeitarem à conformidade durante seus anos iniciais de carreira docente. Precisamos criar mais redes e sistemas de apoio para ajudá-los a resistir a essas pressões. Felizmente, a tecnologia pode ser um aliado e tanto nesse aspecto – grupos on-line de suporte de professores para o empoderamento já estão se formando em todo o mundo.

Uma terceira barreira atravancando o caminho dos que avançam rumo ao empoderamento é que muitos docentes (talvez até mesmo a maioria) que veem e percebem a incompatibilidade se sentem impotentes para fazer mudanças. Constato isso com muita frequência, principalmente nas escolas públicas da educação básica – a questão da incapacidade que os professores sentem diante do "sistema" surge em quase todos os lugares e países em que dou palestras. Para onde quer que eu vá no planeta, um professor inevitavelmente perguntará: "Sim, eu vejo a necessidade de mudança e concordo com muitas de suas ideias, mas o que posso fazer? Recebi um conteúdo curricular para ensinar e preciso ensiná-lo". Há uma infinidade desses desnecessários "sim, mas" na cabeça de muitos docentes. Acredito que eles, em geral, são muito mais poderosos do que acreditam.

Uma última barreira que você sem dúvida terá que superar é a pressão de famílias. Hoje, muitas delas têm medo de que as mudanças educacionais prejudiquem seus filhos, em vez de ajudá-los, e esse também pode ser um empecilho intimidador.

Então, o que um professor inovador e de visão de futuro deve fazer? Precisamos encontrar maneiras de superar essas barreiras. Felizmente, existem algumas.

Superação de barreiras

A primeira, acredito, é reconhecer que "fornecedor de conteúdo" e "empoderador" são papéis bastante diferentes. Isso significa que um fornecedor de conteúdo interessado em se tornar um empoderador precisa fazer (pelo menos) três coisas de grande envergadura:

Em primeiro lugar, precisa aprender as habilidades e o papel do empoderador – isto é, em que consiste essa função e o que ela implica. Até certo ponto, seminários e sites facilitam essa empreitada. Com sorte, faculdades de pedagogia, em nível de graduação e de pós-graduação, em breve, também começarão a oferecer programas de empoderamento (é claro que é irônico haver "cursos acadêmicos" de "empoderamento e capacitação". Esse dilema precisará ser resolvido de maneira paulatina).

Em segundo lugar, qualquer professor que queira mudar para o empoderamento precisa encontrar pelo menos um dirigente educacional para apoiá-lo em seu novo enfoque de ensino – é muitíssimo mais difícil, às vezes impossível, fazer isso sem respaldo oficial. Felizmente, esses dirigentes e gestores educacionais existem – secretários da educação, supervisores de ensino, administradores, diretores de escola e até superintendentes (você acabou de conhecer um: David Engle). Em casos extremos, pode ser necessário mudar de escola para encontrar o dirigente certo, mas quase certamente vale a pena.

Em terceiro lugar, um professor que deseja ser um empoderador precisa arregaçar as mangas e colocar coisas em prática. Esther Wojcicki sugere "começar aos poucos, primeiro colocando só a ponta do dedo na água", ou seja, fazer o novo trabalho *alternando* com o antigo, em dias diferentes. Ela sugere deixar os estudantes fazerem projetos um dia por semana, com o professor no papel de empoderador. É provável que (quase) qualquer docente, após conversas adequadas com alunos e gestores educacionais (e possivelmente famílias), tenha condições de iniciar um programa em que seus alunos sejam empoderados a realizar projetos do mundo real – durante o período que passam na sala de aula – um dia da semana. Essa ideia é inspirada na política dos "20% de tempo livre" durante o horário de trabalho, que a Google oferece aos funcionários para tocar seus projetos pessoais. Esther constatou que seus alunos preferem que esse dia seja no começo da semana e não no final, por isso ela chama sua versão de "segundas-feiras de *moonshot*". Os alunos podem, então, dar continuidade a seus projetos fora da sala de aula o quanto quiserem, e aguardar ansiosamente não apenas um dia "diferente" durante o ano, mas um dia de empoderamento a cada semana. No momento, Esther está criando um conjunto de sugestões e planos de como implementar sua abordagem de uma maneira que permita um bocado de experimentação e ainda deixe tempo disponível para o fornecimento de conteúdos.

Obviamente, um enfoque ainda mais radical para um professor interessado em ser um empoderador é encontrar um emprego em uma escola cujo objetivo já seja empoderar seus alunos. Hoje, há, em todo o mundo, novas escolas particulares entrando no mercado com o objetivo de empoderar seus alunos, norteadas pela educação da vida real e baseadas em projetos para melhorar o mundo. Até mesmo as escolas de Bacharelado Internacional (International Baccalaureate, IB), historicamente tradicionalistas, estão adicionando mais projetos de empoderamento aos seus programas de educação básica; Educação para Melhorar o Mundo é hoje em dia o slogan do site delas. Muitas escolas públicas *charter* estão realizando mais projetos do mundo real (por exemplo, a High Tech High, em San Diego, Califórnia). E um número cada vez maior de escolas públicas vem se movendo nessa direção, nos Estados Unidos (por exemplo, em Port Townsend, estado de Washington) e em todo o mundo (por exemplo, as escolas Dreamdo, com sede na Finlândia).

Uma das características mais notáveis do novo mundo é que as pessoas trocam de emprego com mais frequência – e isso inclui os que abandonam o magistério. Por causa dessa mudança e da aposentadoria, de acordo com várias estimativas, uma elevada porcentagem de professores formados na geração anterior já não estará mais lecionando na geração seguinte. Embora não desejemos perder toda a continuidade com o passado, essa grande rotatividade nos proporciona uma enorme oportunidade para o futuro. A maneira mais certa de *desperdiçar* essa oportunidade seria permitir que todos ou a maioria dos professores remanescentes continuassem sendo apenas meros fornecedores de conteúdo e tentassem fazer melhor o que sempre foi feito – talvez agora com a ajuda da tecnologia. Contudo, a maneira mais acertada de *fazer uso* dessa oportunidade seria conduzir os professores remanescentes e futuros para o caminho do empoderamento e da Educação para Melhorar o Mundo.

É improvável que muitas escolas ou professores mudem completamente de plano da noite para o dia. Mas seria bastante útil se todas as instâncias responsáveis pela educação (país, estado, diretorias de ensino) criassem um novo corpo docente de professores empoderados e que o fizessem com rapidez, incorporando na íntegra a Educação para Melhorar o Mundo, incluindo as novas finalidades desse modelo educacional (melhorar o mundo), seus novos meios (realizações na vida real que efetivamente sejam capazes de aprimorar o mundo), seu novo currículo de Pensamento Efetivo, Ação Efetiva, Relacionamentos Efetivos e Realizações Efetivas e seu novo papel para o professor (empoderamento), simultaneamente ao uso vigoroso da tecnologia emergente.

É crucial que esses novos paradigmas e ideias sejam introduzidos no início da formação e do desenvolvimento profissional dos docentes – não podemos mais deixá-los basearem seu trabalho futuro no tipo de ensino que receberam na condição de alunos. Uma vez feito isso, os novos professores podem – em sentido inverso – orientar os experientes, compartilhando o que ambos sabem. Os estudantes também devem, desde o início do processo, ser trazidos para a conversa sobre a melhor forma de educar para o futuro (muitas das ideias deste livro vieram de sugestões de alunos). Políticos, dirigentes e gestores educacionais devem ter o discernimento de que é esse novo enfoque e paradigma de educação – e não o antigo – que ajudará o desenvolvimento econômico em longo prazo. Educadores e políticos devem trabalhar juntos para propiciar um caminho que permita aos professores atuais passarem por um novo treinamento e receberem uma nova certificação que endosse o enfoque "empoderamento para melhorar o mundo".

Com a mesma rapidez com que os professores são formados e treinados para preencher as vagas de docentes nas escolas, os países e as diretorias de ensino devem criar novas instituições educacionais com base em novos paradigmas. Devem apresentar essas escolas ao público de uma maneira que faça as famílias disputarem para conseguir matricular seus filhos ali e de uma forma que motive os estudantes a assistir às aulas. Criar um novo tipo de escola pública é possível – isso aconteceu nos Estados Unidos com as escolas *charter* (embora, infelizmente, a maior parte do que elas oferecem ainda seja uma variação da antiga educação acadêmica), e em outros lugares também.

Nosso trabalho, agora, deve ser deixar todos – professores, crianças, políticos, famílias de alunos – empolgados com a mudança para a nova e empoderadora Educação para Melhorar o Mundo, o mais rápido possível. Caso contrário, ainda levaremos muito tempo para chegar lá. As crianças e nós mesmos é que estamos perdendo.

A MUDANÇA ACONTECERÁ?

Muitos estão pessimistas quanto à vindoura mudança na educação, mas eu sou otimista. Acredito que um novo tipo de educação chegará, mais cedo ou mais tarde, porque é muito necessária e o roteiro já está se tornando claro.

Frustração enorme

O mundo está imensamente frustrado com seu sistema educacional atual. Depois de todo o colossal esforço que foi empreendido na tentativa de disseminar a educação acadêmica para um número cada vez maior de jovens – com êxito temporário em muitos casos, embora certamente não em todos –, a educação acadêmica agora parece estar funcionando de forma menos satisfatória do que antes e perdendo boa parte do poder que tinha no sentido de melhorar o mundo e a vida das pessoas. Muitos reconhecem que o mundo está mudando e vários consideram que a educação deve se adaptar à mudança, contudo, a despeito dos tremendos esforços por parte de muita gente, a mudança fundamental na educação parece ser lenta e, muitas vezes, inexistente. Alguns ainda se opõem com veemência a qualquer tipo de alteração na educação, por verem o sistema atual como um baluarte de nosso sucesso no passado. Muitos se perguntam se *algum dia* uma mudança significativa em grande escala chegará ao sistema educacional.

Será possível, *algum dia,* a educação básica mundial mudar para um modelo que leve em consideração o novo contexto e as capacidades das crianças e dos jovens? Podemos ajudar a fazer isso acontecer? Ou o melhor que podemos fazer em nossa vida é simplesmente continuar a implementar alterações graduais, paliativas e quase imperceptíveis na educação acadêmica do passado – como muitos estão fazendo agora –, que são menos eficientes do que esperamos? Esse é um problema gigantesco, que ocupa a mente de muitas pessoas e no qual algumas delas já gastaram (e, em alguns casos, jogaram fora ou perderam) grandes fortunas. Fato inegável é que muito tempo e energia são devotados a mudanças educacionais.

O que está faltando

Acredito que até agora, em quase todos os debates sobre mudanças educacionais, tem faltado uma peça do quebra-cabeça – algo que apenas poucas pessoas perceberam. Uma vez que estamos chegando ao final desta discussão e deste livro, quero esclarecer e destacar o elemento que está ausente.

> O que tem faltado até agora é a visão compartilhada de como a educação básica deveria ser diferente, em prol do futuro.

É muito mais fácil para alguém dizer "Eu não quero mais A" se houver uma clara alternativa B à qual recorrer. Se a alternativa à educação acadêmica de hoje é uma visão nítida de um lugar melhor para onde muitos já querem ir, é bem mais fácil ajudá-los a chegar lá. Até recentemente, essa visão comum não existia – havia apenas algumas perspectivas e ideais dispersos, parciais e individuais. O que observo agora é que, em uma resposta adaptativa às grandes mudanças contextuais do mundo, uma concepção comum começa a surgir em suas linhas gerais e a se fundir na mente de várias pessoas e em iniciativas específicas. Assim, concentrei minha atenção – e tentei chamar a atenção do leitor – nessa perspectiva, ao mesmo tempo nova e emergente.

O que causa a mudança?

Mudanças sociais de grandes proporções – salvo as causadas por eventos cataclísmicos – geralmente acontecem de forma gradual. Os elementos do contexto se alteram e as pessoas se adaptam muito lentamente. De forma geral, o que eventualmente é visto como um conjunto de mudanças de larga escala começa nas margens, com indivíduos e pequenos grupos, e vai, aos poucos, reunindo adeptos, sucesso e ímpeto, até que um "ponto de inflexão" seja atingido.

Em um comentário famoso, a antropóloga Margaret Mead observou: "Nunca duvide que um pequeno grupo de cidadãos conscientes, interessados e engajados, possa mudar o mundo; na verdade, foi sempre assim que o mundo mudou". Hoje em dia, na educação, vemos muitos desses "pequenos grupos de cidadãos conscientes, interessados e engajados" por aí, cada um tentando mudar a educação à sua maneira. E, ao mesmo tempo, vemos uma descomunal aceleração no ritmo em que muitas mudanças ocorreram em nossos dias – mudanças culturais que costumavam levar séculos ou décadas para ser deflagradas, agora ocorrem com frequência em questão de anos e muitas vezes estimuladas pela tecnologia.

Então, chegará, afinal, a mudança na educação básica? Se sim, com que rapidez? Todos sabem que em muitos setores existe uma grande resistência à mudança, mas já há uma transformação significativa começando a despontar? De certa forma – apesar das frustrações de todos –, talvez estejamos mais adiantados no processo de mudança do que pensamos, porque há pontos em comum em muitos dos esforços que estão em andamento agora, dentro e fora das escolas. Como resultado, está surgindo um novo "modelo" do que deveria ser a educação básica que, de várias maneiras essenciais, difere da onipresente educação acadêmica atual. No entanto, até agora, esse novo modelo de uma educação basicamente diferente nunca foi identificado ou nomeado com clareza, ou compreendido de maneira geral. É a contribuição que espero fazer com este livro.

A fórmula para a mudança

Existe uma fórmula simples para avaliar o provável sucesso de programas de mudança organizacional. Foi criada no início dos anos 1960 por David Gleicher, quando ele trabalhava na Arthur D. Little[55] (organização internacional de consultoria de gestão sediada em Boston, Massachusetts), e aprimorada por Kathie Dannemiller na década de 1980[56]. É conhecida como "fórmula para a mudança". Não se trata, obviamente, de uma fórmula no sentido científico de uma lei da natureza que sempre funciona, mas um modelo – isto é, uma simplificadíssima, abstrata e um tanto metafórica perspectiva sobre o que causa a mudança. Está longe de ser o único modelo de mudança. Alguns talvez a considerem simplista, mas acredito que sua aplicação à educação pode ser útil para o nosso pensamento.

De acordo com o modelo ou fórmula, *mesmo quando há grande insatisfação com o estado atual e a maioria concorda que a mudança é extremamente necessária, dois outros elementos, além da insatisfação, devem estar presentes para que a mudança realmente ocorra*. Assim, a resistência humana natural à mudança só pode ser superada quando a *combinação de três fatores* acontece:

- *insatisfação* com o estado das coisas

- uma *visão* comum do que é possível (ou seja, de um futuro melhor)

- *primeiros passos concretos* dados em direção à visão

---

[55] Descrito em BECKHARD, R. & HARRIS, R. T. *Organizational transitions: managing complex changes*. 1ª ed. Reading, Massachusetts: Addison-Wesley, 1977.
[56] Relatado em CADY, S. H.; JACOBS, R. Koller & SPALDING, J. "The Change Formula: myth, legend, or lore". *OD Practitioner*, v. 46, n. 3, pp. 32-9, 2014.

Expressa de forma semimatemática, a mudança somente ocorre quando (segundo a fórmula original, em língua inglesa):

$$C = D \times V \times F > R$$

C é *Change* (mudança), D é *Dissatisfaction* (nível de insatisfação com a situação atual), V é *Vision* (visão clara acerca do que é possível ser feito), F é o *First Steps* (primeiros passos para se alcançar o estado desejado), e R é *Resistance* (resistência à mudança). A multiplicação dos fatores da fórmula significa que, se algum fator estiver ausente, o produto será igual a zero e a resistência à mudança não será superada.

Aplicando a fórmula

Acho que podemos todos concordar que o R da fórmula, a resistência à mudança na educação, é elevado e difícil de derrotar. Não me demorarei muito sobre esse ponto. Mas será que a fórmula pode, no mínimo, nos ajudar a entender o que atrapalha o caminho para a superação dessa resistência? Vamos examinar cada um dos termos da equação.

Insatisfação

Creio que podemos dizer, com algum grau de certeza, que a insatisfação com a atual educação básica é alta e crescente. Vemos alunos expressarem sua insatisfação em pesquisas, vídeos postados on-line e principalmente por meio de não participação (uma combinação de desinteresse, falta de envolvimento e evasão escolar). Professores dão voz à sua insatisfação por meio de blogs e sindicatos, e ao abandonarem a profissão – aposentando-se ou pedindo demissão. Dirigentes e gestores educacionais manifestam sua insatisfação por meio do apoio contínuo a novos diretores e rotatividade frequente. Políticos externam insatisfação por meio de seus muitos pedidos de reforma educacional. Filantropos e capitalistas exprimem insatisfação na forma de seus vultosos investimentos em prol da mudança. Vemos, em todo o mundo, uma infinidade de livros, artigos e palestras sobre educação começando a reconhecer esse descontentamento. Apesar do sucesso escolar de um número relativamente pequeno de crianças, professores e talvez um ou dois países, notamos que cada vez mais nossos alunos estão menos envolvidos. Escolas estão sendo consideradas "fracassadas" porque seus alunos não estão alcançando a evolução que buscamos em nossas medições e avaliações. As habilidades de que as crianças e os jovens precisam não estão sendo ensinadas, nem aprendidas. Sempre faltam apoio e dinheiro para a educação. Assistimos a reformas que ajudam, mas não têm peso. Vemos novos programas e tecnologias que fazem as mesmas coisas repetidas vezes, de novas maneiras. A educação convencional predominante simplesmente não avança. A lista de frustrações com ela parece ser interminável. Portanto, creio que possamos estipular que a *insatisfação* (o termo D) é alta e crescente.

E quanto aos outros fatores?

Primeiros passos

Apesar do fato de que, em sua maioria, as assim chamadas reformas educacionais não passam de meras mudanças paliativas e quase imperceptíveis no antigo sistema, nos últimos anos começou a despontar um número crescente de "primeiros passos" rumo a algo melhor. São escolas e ideias que demonstram, de diversas maneiras, como deveriam ser os vários elementos de um novo e melhor modelo de educação. Entre esses primeiros passos, menciono algumas das coisas que estão sendo feitas em países pobres (como a Escuela Nueva, de Vicky Colbert, na Colômbia). Incluem-se também alguns estabelecimentos de ensino nos Estados Unidos, por exemplo, certas escolas *charter* (a High Tech High, em San Diego, ou as Summit Public Schools, no Vale do Silício), algumas escolas da rede pública (como em Port Townsend, estado de Washington, e no condado de Douglas, estado do Colorado) e outras escolas novíssimas (por exemplo, AltSchool e XQ, no Vale do Silício). Abrangem também alguns programas de escolas particulares existentes há muito tempo, como vários programas de "serviço social" escolar do diploma de Bacharelado Internacional (International Baccalaureate). Englobam programas de projetos do mundo real no âmbito de escolas públicas e privadas, e professores implementando mudanças em suas próprias salas de aula. Incluem propostas de alterações curriculares, como as propostas de pedagogia holística.

A essa altura, há pouca coisa em comum entre todos esses primeiros passos. A questão, neste momento, *não* é saber quais são os detalhes deles, mas que *existem* muitas iniciativas além da educação acadêmica, em direções realmente novas. Muitas delas ainda estão na fase de planejamento ou estão apenas começando. Meu foco aqui não são suas particularidades (o próximo volume detalhará muitas delas), mas a quantidade. O que parece estar claro é que o terceiro termo na fórmula para a mudança, F (*primeiros passos*), é um número positivo (e crescente).

Visão compartilhada – o elemento faltante

O que quero colocar em foco, com especial ênfase, é o termo "intermediário" da fórmula, V (*visão clara acerca do que é possível ser feito*). Acredito que essa visão esteja lamentavelmente ausente de muitos debates atuais sobre a reforma da educação – grave razão pela qual várias dessas reformas acabam sendo apenas acréscimos paliativos e quase imperceptíveis à educação acadêmica atual.

O que tem faltado ao mundo – e essa embaraçosa carência talvez tenha sido, até aqui, a principal barreira para o avanço educacional mais rápido e substancial – é uma nova visão ou paradigma comum do que uma educação básica poderia e deveria ser no futuro, em novos tempos. Porque, se a fórmula estiver correta – e se o termo de uma visão comum estiver ausente (ou seja, se for igual a zero) –, a mudança não acontecerá enquanto ela não surgir. Assim, considero que será muito útil o entendimento de todos a respeito dos elementos-chave da visão emergente e de como essa nova visão, modelo e paradigma, diferem fundamentalmente da educação do passado.

Neste livro tentei fornecer um esboço dessa visão. Busquei especificar não apenas os fins dessa concepção (melhorar o mundo), mas também seus meios (realizações no mundo real), os resultados almejados (pessoas que são pensadores, agentes e realizadores efetivos em áreas pelas quais são apaixonadas, além de pessoas envolvidas em relacionamentos mais benfazejos) e como nossos professores e um novo e mais poderoso uso da tecnologia podem nos ajudar a chegar lá.

Essa visão emergente está começando a ficar mais nítida. Isso eleva o termo V – ou "visão comum" – do meio da fórmula para a mudança de zero para um número positivo. Combinado com os outros dois termos, que são altos ou estão em crescimento, isso significa – é o que esperamos – que a resistência à mudança será superada e que aumentam as chances de que essa mudança ocorra ainda com mais rapidez.

Uma coisa de que essa visão emergente ainda carece, e demais, é um nome que seja definido por consenso – curto, simples e memorável –, de modo que as pessoas possam dizer: "Não quero para mim (nem para meu filho) uma educação acadêmica. Em vez disso, eu quero _____". Ainda estamos procurando esse nome. Sugeri Educação para Melhorar o Mundo e Educação Baseada em Realizações no Mundo Real. Haverá outras sugestões (já ouvi Educação Baseada no Poder de Agência); mais cedo ou mais tarde, uma delas, por certo, acabará se firmando.

Necessário, mas não suficiente

Devemos deixar claro, porém, que uma nova visão por si só não é suficiente para fazer com que todos – ou mesmo um único indivíduo – mudem. Outro ditado útil é que "as pessoas não mudam quando veem a luz, elas mudam quando sentem o calor". Falamos aqui de mudanças sociais de grande envergadura, e isso levará algum tempo – possivelmente décadas, talvez mais – e sem dúvida, também, precisará de um bocado de "calor" para que aconteça por completo. Mas é preciso lembrar que uma característica fundamental de nossa era atual é a aceleração das mudanças. Hoje, quase sempre ela nos pega de surpresa por acontecer bem mais rapidamente do que no passado – muitos se espantam, por exemplo, com a velocidade vertiginosa com que cresceu o mundo on-line e as diversas coisas que ele possibilita. Ter uma visão compartilhada é um passo importante, acredito, para ajudar as mudanças educacionais a acontecerem de forma mais acelerada.

"De cima para baixo" não serve

É improvável, no entanto, que qualquer visão em nosso mundo atual seja compartilhada por ter sido promulgada, dirigida ou adotada formalmente de cima para baixo. Era assim que as coisas costumavam funcionar no passado, mas é improvável que dê certo hoje. Agora, com novas tecnologias e conexões, temos uma nova e poderosa força "de baixo para cima" no mundo. As visões compartilhadas de hoje surgem das práticas de baixo para cima de todos os grupos que fazem coisas de maneira diferente, *em combinação* com novas ideias de cima para baixo. E é isso o que está acontecendo. Não estou inventando essa visão emergente. Estou apenas documentando e fazendo a curadoria dessa concepção.

E uma vez que, *sem* uma visão compartilhada, é improvável que a mudança supere a resistência, é muito importante que *todos nós compreendamos* a nova visão da educação e, com sorte, "vejamos a luz", para que, assim, possamos decidir juntos que dimensão dela é de fato "comum" e trabalhar em conjunto para torná-la ainda mais comum.

O que as pessoas podem fazer

No capítulo "O que aconteceu", escrevi que esperava que entre os leitores deste livro estivessem incluídos políticos e autoridades governamentais e formuladores de políticas educacionais, famílias, inovadores educacionais, superintendentes atuais e aspirantes a superintendentes, administradores, dirigentes e gestores educacionais, diretores de escolas, pós-graduandos em governança urbana e política educacional, docentes e formadores de professores, membros da população em geral interessados em educação e incumbidos de proporcionar às crianças a educação adequada para seu presente e futuro, e, o mais importante, muitos jovens. Agora, já no final do livro, eu gostaria de oferecer sugestões para algumas ações que podem ser adotadas pelos leitores de cada um desses grupos, que estejam interessados em promover a visão emergente que descrevi aqui. Tomara que possam colocá-las em prática.

Políticos e autoridades governamentais

Atualmente, a maior parte das lideranças políticas e autoridades governamentais no mundo vê a educação como um importante fator para o desenvolvimento de seu país – para as nações mais pobres, a educação é tida como uma maneira de sair do atraso; as mais ricas entendem que a educação é um meio de permanecer perto do topo. Quem é líder político deve compreender e, principalmente, agir com base nessa compreensão, que é *encaminhar-se para a nova Educação para Melhorar o Mundo – e não apenas reforçar o antigo enfoque acadêmico –, o fator que contribuirá com o desenvolvimento econômico de seu país em longo prazo*. Pouquíssimos líderes e políticos apoiam qualquer coisa que não sejam meras mudanças graduais, paliativas e quase imperceptíveis, mas o tempo para uma atualização em grande escala de nossa educação é iminente. Chegou o momento perfeito para políticos visionários preocupados com o futuro, e com as crianças, abrirem o debate – amplamente, em público e com alarde – entre as necessidades educacionais dos cidadãos educados no passado e as necessidades educacionais desses cidadãos crianças e jovens para o futuro. Uma enorme oportunidade de liderança está ao alcance desses políticos: aqueles que acelerarem o progresso dessa nova educação serão recompensados e lembrados por muito tempo.

Meu palpite é que algum país de pequenas dimensões será o primeiro a ver quantidade suficiente de luz (e sentir o calor) e, agindo rapidamente a fim de adotar o sistema de Educação para Melhorar o Mundo baseado em realizações no mundo real, impulsionará seus alunos não apenas à frente, mas fará com que eles deem um enorme salto no mundo. Um maravilhoso objetivo educacional de longo prazo para um país seria "todo cidadão se tornar um realizador de primeira classe, no que quer que ele goste de fazer". Agora é o momento de aproveitar esta enorme oportunidade política e social.

Líderes empresariais, governamentais e de ONGs

Os líderes empresariais, as autoridades governamentais e os líderes de ONGs que estão descontentes com os resultados de nossos atuais sistemas de educação acadêmica têm condições de fazer mais do que apenas reclamar da educação pública ou iniciar os próprios programas de estudos, cursos e currículos. Eles podem também fazer com que suas organizações comecem a formular projetos de realizações no mundo real para os alunos, em todos os níveis de ensino – projetos que realmente ajudem suas organizações e o mundo –, e passem a apresentá-los (por meio de processos a serem criados) para as escolas, as crianças e jovens. Imagine se toda empresa tiver um funcionário responsável por compilar, elaborar e encaminhar projetos às escolas, e depois coletar e usar os resultados. Imagine equipes paralelas de crianças e jovens trabalhando em projetos de empresas, governos e ONGs em todo o mundo, recebendo "crédito" e/ou "remuneração justa, com base no desempenho", de acordo com esquemas a serem estabelecidos. Quanto valor eles poderiam agregar ao mundo?

Formuladores de políticas educacionais

Os formuladores de políticas educacionais podem e devem começar a abrir seu pensamento para possibilidades alternativas muito diferentes para o futuro. A política educacional inovadora voltada para o futuro não é mais ensinar de maneira melhor o conteúdo do currículo MESS, elevar os padrões de aprendizagem ou adicionar mais cursos das disciplinas STE(A)M, tampouco incorporar a internet e a tecnologia aos programas já existentes faz pouco mais do que reestruturar o passado. O Common Core (padrão curricular único) dos Estados Unidos, por exemplo, levou décadas de esforço para ser desenvolvido e implementado – um esforço que poderia ter sido muito mais útil em iniciativas mais orientadas para o futuro. Qualquer política educacional arrojada e voltada para o futuro deve girar em torno da criação de meios novos e mais eficientes de empoderar as crianças e os jovens para melhorar o mundo em que vivem, e a formulação de tais políticas deve incluir uma participação muito mais consistente dos estudantes, em uma hierarquia de baixo para cima. As políticas educacionais precisam incluir um sólido apoio ao ensino como empoderamento, de modo que nossos professores se sintam livres para fazer experimentações e mudar. Os formuladores de políticas devem analisar com mais cuidado quais mensurações realmente importam para as crianças e os jovens em nível individual e afastar-se de nossa atual dependência – obsessiva e inútil – de comparações numéricas e dados que, a bem da verdade, não medem nem avaliam a qualidade da educação. O futuro requer uma educação nova e diferente;

os formuladores de políticas podem criar o caminho para chegar lá – tenho a confiante esperança de que farão isso.

Famílias

Hoje, as famílias estão presas no que muitas vezes parece um intrincado dilema, para não dizer um beco sem saída. Por um lado, todos querem o melhor para os filhos – o que no entendimento das famílias muitas vezes significa "a melhor educação disponível, que os prepare para quando crescerem". Mas as famílias também veem que o mundo está mudando, que os empregos antigos estão desaparecendo e que seus filhos querem coisas diferentes – e sabem, em algum nível, que o mundo no qual foram criados não existe mais. O que elas precisam, mais do que qualquer outra coisa, é a coragem de ajudar os filhos a seguir adiante, rumo a um novo mundo e a um ambiente desconhecido, para os quais a experiência de vida dos próprios familiares fornece pouca orientação útil. É necessário ajudar as famílias a entender que o sucesso no antigo sistema acadêmico, embora ainda seja útil, é, em muitos casos, menos importante do que já foi no passado; hoje o sucesso acadêmico não é o único – nem necessariamente o melhor – caminho para todas as crianças e jovens. Para de fato ajudar seus filhos, elas precisam enfatizar muito mais os tipos de realização no mundo real que serão importantes para seu sucesso no futuro, em detrimento dos tipos de notas e conquistas de desempenho escolar importantes de antes. Precisam ouvir com atenção o que seus filhos lhes dizem sobre o futuro e trabalhar com afinco para ajudá-los a encontrar e aplicar a própria paixão – independentemente dos desejos e necessidades das famílias. São necessários muito esforço e um bocado de coragem para ajudar os filhos a enfrentar um mundo que, na condição de "imigrantes digitais", eles não entendem por completo. Todos nós precisamos ajudar as famílias a encontrar a coragem para dar aos filhos uma educação que represente o futuro, e não apenas seu próprio passado. Para as famílias que encontram essa coragem, as recompensas são extraordinárias: não apenas a atitude positiva das suas crianças hoje, mas o sucesso delas no mundo de amanhã.

Inovadores educacionais em todos os níveis

Hoje em dia, os muitos pretensos (e invariavelmente autoproclamados) "inovadores" na educação – tanto tecnológica quanto pedagógica – dividem-se, a julgar por minha experiência, em dois grupos. O primeiro, e de longe o mais numeroso (talvez chegue a 90%), inova – se é que se pode dizer isso – apenas dentro dos limites do antigo sistema acadêmico. Muitos dos que abrem novas escolas – independentes ou *charter* – se enquadram nesse grupo, assim como todos os que tentam apresentar ou fornecer o currículo MESS de novas maneiras (por exemplo, por meio de vídeos ou outras tecnologias). Minha opinião é de que esse grupo – e a maior parte da suposta inovação no âmbito da velha educação acadêmica – acabará por levar, apesar do enorme investimento de tempo, energia e dinheiro, pouquíssimos benefícios para as crianças e os jovens no longo prazo.

Recomendo vigorosamente que todos aqueles que se consideram inovadores educacionais examinem com cuidado se as propostas, inovações, softwares etc. que estão criando ou defendendo servem primordialmente para melhorar a educação acadêmica do passado ou se dão respaldo à educação da vida real, baseada em realizações que melhoram concretamente o mundo – e nos movem em direção a ela. Na mudança da educação do paradigma acadêmico para o novo modelo de empoderamento das crianças e dos jovens, há uma enorme oportunidade de inovação. É nela que todos os inovadores educacionais inteligentes devem concentrar seus esforços e investimentos, porque é nela que estará o verdadeiro retorno no longo prazo – tanto para as crianças quanto para nós.

Atuais e futuros superintendentes, administradores e diretores escolares

Os indivíduos que comandam as atuais escolas e os que aspiram a administrá-las devem procurar, de modo minucioso e contínuo, dentro de seus próprios edifícios e sistemas, as instâncias emergentes do novo paradigma que eles possam incentivar. Os administradores devem buscar e identificar professores que já trabalham nesses novos moldes (e aqueles que desejam fazer isso), bem como alunos que já estão realizando os tipos de projetos que descrevemos – dentro ou fora da escola –, dando-lhes apoio especial. Os administradores e diretores de escolas devem encontrar maneiras de destacar o que esses alunos e professores estão realizando e inventar novas formas de fazê-lo – por exemplo, programas de orientação, tutoria e mentoria de "professor para professor", "aluno para professor" e "escola para família" –, a fim de divulgar o que as pessoas realizaram com excelência em seu sistema, assim estimulando e ajudando todos em suas escolas e diretorias de ensino a evoluir rumo ao novo paradigma.

Os dirigentes e gestores educionais que estão à procura de um lugar para começar, podem iniciar os trabalhos implementando sistematicamente programas como a ideia de Esther Wojcicki, "as segundas-feiras de *moonshot*", já discutida aqui. Com base no trabalho de David Engle e outros, os dirigentes educacionais e gestores escolares devem começar a vincular suas escolas e alunos, com laços cada vez mais fortes, às necessidades do mundo real das comunidades em que estão localizados. Vale lembrar que aqui não existem "melhores práticas" bem-definidas a serem seguidas; como em qualquer campo em evolução, existem apenas "melhores práticas" e a necessidade de inventar práticas melhores. Cada administrador e gestor deve se tornar um inovador original em seu próprio contexto.

Pós-graduandos em governança urbana e política educacional

Entre aqueles que agora estudam em nossas faculdades de pós-graduação, estão muitas das pessoas que moldarão a educação do futuro de maneiras profundas, à medida que passarem a ocupar cargos governamentais e funções administrativas. Em sua maioria, esses estudantes de pós-graduação são de gerações mais próximas das crianças da educação básica do que são os educadores de longa data; muitos deles reconhecem claramente a necessidade de mudança e estão ansiosos por fazer parte dela.

É obrigatório que esses indivíduos percebam que estão em uma posição perfeita para começar a formular e moldar as ideias e políticas que levarão a educação para a nova era – chegou o momento deles. Eles devem estar dispostos não apenas a fazê-lo, mas também a se opor vigorosamente aos antiquados e ultrapassados ensinamentos do passado, sempre que forem oferecidos.

Professores

A partir de minhas constantes conversas com professores de todo o mundo, estou convencido de que há um número bastante significativo de docentes, em quase todos os lugares do planeta, desejosos de fazer algo diferente – e melhor – com e para os alunos. O que essas pessoas exigem, mais do que qualquer outra coisa, é apoio e incentivo para buscar esse respaldo. Os professores que sentem a necessidade de mudança devem procurar ininterruptamente, em suas próprias escolas, a assistência de colegas, administradores e gestores educacionais que com eles comungam das mesmas ideias, além de exemplos práticos, que surgem aos borbotões diariamente. Os docentes devem manter diálogos frequentes, com seus colegas e seus alunos, sobre experimentos. Não devem conversar sempre sobre aprendizagem e notas, mas sobre o tipo de educação de que as crianças e os jovens precisam. Precisam procurar continuamente oportunidades de trabalhar com os alunos de maneiras novas e melhores, orientadas para realizações no mundo real, salientando todos os resultados positivos. Eles devem encampar programas a exemplo das "segundas-feiras de *moonshot*" e tentar colocá-los em prática, sempre entendendo que, embora seus esforços iniciais possam ser hesitantes e imperfeitos, estão caminhando na direção certa para o bem de seus alunos e do mundo.

Formadores de professores

Os responsáveis pela formação e preparação de professores e pelos programas de formação em serviço estão em uma posição particularmente influente. Eles devem procurar tudo aquilo que puderem adicionar a seus programas, a fim de preparar os docentes para as mudanças que estão por vir. As faculdades de pedagogia já deveriam estar desenvolvendo e oferecendo e preparação em habilidades da Educação para Melhorar o Mundo, no sentido de empoderar os alunos e treinar equipes de realização de projetos no mundo real, certificando esses programas para o recebimento de créditos e inclusão na licença para exercer a profissão. É uma tarefa gigantesca, mas empolgante.

Membros da população interessados em educação e comprometidos com o nosso presente

Os membros da população que estão interessados no futuro da nossa sociedade – ainda que tenham filhos em idade escolar ou não – precisam pensar com muito cuidado sobre os tipos de educação que garantirão o sucesso das crianças, dos países e do mundo em nossa nova era. Todos os que concordam com a tese deste livro – a saber, que a educação de que precisamos para o futuro não é a acadêmica do passado, mas a Educação para Melhorar o Mundo, um modelo baseado em realizações – precisam começar a advogar e fazer *lobby* por mudança. Todos, incluindo líderes empresariais, autoridades governamentais e coordenadores e membros de ONGs, devem começar a pensar nos problemas que os alunos seriam capazes de resolver em vários níveis, e compartilhá-los com nossas escolas.

Como cidadãos, não devemos permitir que aqueles que equiparam "melhor educação" com "apenas mais do mesmo, só que feito melhor" permaneçam sem contestação – sejam essas pessoas intelectuais, órgãos de imprensa, grupos de famílias ou qualquer outra pessoa. Se fizermos isso, a educação e as crianças avançarão muito pouco.

Jovens

Deixei os jovens para o final, porque eles são o grupo mais importante de todos, e tenho a mais sólida esperança de que estejam entre meus leitores. Hoje em dia, as crianças e os jovens, em contingentes cada vez maiores, se sentem presos – encarcerados em uma armadilha, em muitos casos – entre a educação que a geração dos pais insiste em impor como verdade e única possibilidade, e o que eles sentem que é o certo para si, nestes tempos em que vivem.

A maioria das crianças e dos jovens quer estar com seus pares e trabalhar com eles; desejam se tornar plenamente as pessoas que têm o potencial de ser – é por isso que querem ir para as melhores escolas e obter os melhores empregos. Mas os jovens também veem novas oportunidades surgindo com rapidez no mundo e, com frequência, sentem-se sufocados, impedidos, pela família e outras pessoas, de buscarem essas oportunidades.

A coisa mais importante que eu advogo, tanto para as famílias quanto para as crianças e os jovens, é o diálogo frequente e mutuamente respeitoso sobre essas questões. Se você é jovem hoje, há muitas coisas que pode aprender com a experiência dos mais velhos. No entanto, suas prioridades e decisões, sempre que possível, devem se basear em suas próprias necessidades e nas que você mesmo percebe no mundo. Cada vez mais os jovens estão me dizendo, e a outras pessoas, que seu verdadeiro desejo é "melhorar o mundo" em que vivem. Se esse é, de fato, o *seu* desejo como jovem, você precisa ter o discernimento e a certeza de que agora está mesmo empoderado para colocar isso em prática e, portanto, pode agir de acordo com seu desejo, de uma maneira que antes era impossível. Eu o encorajo, com o máximo de vigor possível, a fazê-lo.

CONCLUSÃO
Educação como ciência espacial: uma nova metáfora

A despeito dos diversos "maus presságios" que ouvimos a respeito das crianças e dos jovens de hoje – e mesmo com os índices de evasão escolar muitas vezes alarmantes –, não acho que a situação seja tão ruim quanto tantos temem. O que precisamos fazer para recuperar o otimismo é olhar para eles de maneira diferente.

Atualmente, com demasiada frequência, tratamos as crianças e os jovens como se fossem, metaforicamente, locomotivas nos trilhos que levam ao futuro, quando na verdade deveríamos (mais uma vez, metaforicamente) vê-los como foguetes.

O que, aliás, torna os educadores (de novo, metaforicamente) cientistas espaciais – quem diria?

Mas o que faz com que as crianças e jovens de hoje sejam foguetes, em vez de qualquer outra coisa? Certamente, à primeira vista, é sua velocidade – eles operam mais rápido do que qualquer geração que veio antes. Embora pouca coisa possa ter mudado no ritmo com que eles amadurecem emocionalmente, houve uma enorme mudança no que aprendem e sabem desde a mais tenra e precoce idade – portanto, na velocidade em que crescem intelectualmente.

"Crianças envelhecendo cada vez mais jovens" é uma expressão usada no canal MTV há muito tempo. Embora familiares e educadores tenham dificuldade em fazer as crianças e os jovens aprenderem à moda antiga, quase sempre o que lhes oferecem está muito *defasado* em relação às suas reais necessidades. "Apropriado para a idade" é um conceito que nos escapou. Até mesmo os seguidores de Piaget sugerem que é hora de um novo olhar. E, embora muitas pessoas queiram desacelerar as crianças, a velocidade é claramente a realidade delas.

Mas o que converte as crianças e os jovens de hoje em foguetes não é apenas o aumento da velocidade. Feito foguetes, eles rumam para destinos distantes, lugares que muitas vezes aqueles que os lançam nem conseguem enxergar. Eles foram projetados – por sua educação do século XXI, em especial pela internet e pelos complexos jogos eletrônicos – para explorar e descobrir o que funciona por conta própria. Como os foguetes, eles geralmente não podem ser controlados a todo momento, mas recebem coordenadas iniciais que os direcionam, da melhor maneira possível, para a trajetória certa, com correções a serem feitas no meio do percurso, conforme necessário. E porque é difícil fazer ajustes tanto em crianças e jovens, quanto em foguetes em pleno voo, ambos precisam se tornar o mais autossuficientes possível.

Como acontece com todos os foguetes, a mistura de combustível das novas gerações é volátil. Alguns vão mais rápido e chegam mais longe que os outros. Uns perdem a orientação ou a capacidade de seguir instruções de localização. Alguns se desviam do curso ou param de funcionar inesperadamente. Outros chegam até mesmo a explodir. Mas muitos atingem o alvo, e é o trabalho dos cientistas espaciais ajudá-los a alcançá-lo.

Talvez o ponto mais importante seja que os foguetes – e as crianças e os jovens – de hoje podem, potencialmente, ir muito mais longe e fazer coisas muito além do que qualquer viajante seria capaz de fazer no passado. Com a chegada de ferramentas digitais já disseminadas e fáceis de usar, as crianças e os jovens realizam, todos os dias, coisas que ainda se parecem, para muitos de nós, ficção científica. Eles se comunicam de modo instantâneo com seus pares do mundo inteiro e aprendem com eles – a internet, agora, chega aos rincões mais remotos. Eles fazem vídeos regularmente e os publicam para o mundo ver e comentar. Organizam-se social e politicamente em todo o planeta. O instituto de pesquisas norte-americano Zogby dá às crianças e jovens foguetes o nome "os Globais", mas "os Galáticos", talvez, seja um nome até melhor. A maioria deles percebe isso, em certo nível, embora muitos dos adultos não atinem para esse fato.

Educadores como cientistas espaciais

O que isso implica para aqueles cujo trabalho é educar as crianças e os jovens de hoje – que são capazes de voar ao redor do mundo e além, mais longe e mais rápido do que jamais imaginávamos ser possível? Isso nos diz que devemos compreender de uma nova maneira metafórica o que os educadores fazem – não como professores, mas como cientistas espaciais, construindo e despachando espaço afora os melhores foguetes (ou seja, os estudantes) que pudermos. Isso significa, por um lado, não encher nossos alunos-foguetes com o antigo combustível educacional do passado, porque ele simplesmente não serve. Precisamos de combustível novo, novos planos e projetos, novos propulsores e novas cargas úteis.

Como cientistas espaciais "de verdade" preparam seus foguetes para o sucesso? Por um lado, eles entendem que seus foguetes provavelmente encontrarão muitos eventos e provações imprevistos; portanto, trabalham duro para incorporar aos "cérebros" dos foguetes (ou seja, seu software) inteligência suficiente para realizar o trabalho com o mínimo de ajuda externa. Eles embutem neles a capacidade de automonitorar, autoavaliar e autocorrigir o máximo possível. Criam em seus foguetes a capacidade de usarem quaisquer dispositivos e instrumentos disponíveis para regularmente coletar dados e analisá-los, mesmo quando estão em plena e acelerada jornada. Executam um rígido controle de qualidade – não do que os cérebros dos foguetes sabem – isso é atualizável de maneira instantânea –, mas do que eles podem fazer com as informações que encontrarem. E, embora possam ter um destino pré-programado, eles sabem que o destino provavelmente mudará no meio do trajeto e haverá outras mudanças durante o curso de sua vida.

Uma perspectiva útil

Ver nossos alunos dessa nova maneira – ou seja, como foguetes – e a nós mesmos como cientistas espaciais é incrivelmente útil e proveitoso para os educadores. Um dos principais motivos é o fato de que isso os incentiva a estabelecer um padrão extremamente alto para o desempenho dos alunos – muito mais alto do que costumamos fazer na atualidade. Sempre ouvi educadores se dizerem impressionados com o que seus alunos realizaram. Não devemos nos surpreender, mas sim esperar *ainda mais* deles.

Foguetes têm alto custo de manutenção e, muitas vezes, construí-los e manter sua constante atualização exige mais do nosso esforço e de nossas habilidades. Além disso, eles são inúteis no solo, de modo que não é onde devemos prepará-los para permanecer (muitas das habilidades "de solo", de fato, foram assumidas por máquinas e deixaram de ser necessárias).

Exploração ou destruição?

Dependendo da carga útil instalada em suas cabeças no início da jornada, as crianças e os jovens (como foguetes de verdade) podem ser forças poderosas para a exploração e a mudança, ou potenciais armas de destruição. Educadores (ao lado das famílias) instalam a carga útil nos foguetes que são as crianças. Em seguida, eles os enviam para voar futuro adentro, na esperança de que os tenham preparado bem para o que encontrarão pela frente. Para tornar as cargas positivas, a instalação de um comportamento ético – a capacidade de descobrir a coisa certa a fazer e fazê-la de fato – deveria ser uma de nossas principais preocupações como educadores "cientistas espaciais".

Nossa tarefa é configurar da melhor maneira possível o cérebro dos alunos, para que possam constantemente aprender, criar, programar, adotar, adaptar e se relacionar com o que quer que seja e com quem quer que encontrem (e seja qual for o modo como os encontrem – o que, em tempos atuais, quer dizer cada vez mais por intermédio de tecnologias).

Queremos que as crianças e os jovens, como foguetes, corajosamente cheguem aonde ninguém nunca foi. Surpreendentemente, para que isso aconteça, as mudanças mais importantes exigidas dos educadores não são tecnológicas, mas conceituais – pensar em si mesmos não como guardiães do passado, mas como cientistas espaciais guiando seus "foguetes" vivos, como parceiros, em direção ao futuro. Ninguém defende a ideia de jogar fora o passado – eu com certeza não defendo. Mas, a menos que comecemos a preparar as crianças e os jovens para voar muito longe e pousar em segurança, não faremos muito bem a eles. Se não passarmos logo a colocar novas cargas úteis e combustíveis diferentes nos foguetes sob nossa responsabilidade, então (mais uma vez metaforicamente) os alunos jamais sairão do chão.

É hora de dar às crianças e aos jovens a educação que eles merecem.

APÊNDICE
Dúvidas e preocupações manifestadas (ou não) com frequência

Quando apresento as ideias contidas neste livro em minhas palestras no mundo todo, muitas das mesmas objeções e perguntas são feitas repetidamente pela plateia. São invariavelmente trazidas à tona em uma forma que chamo de "Sim... mas". Por exemplo, em "Sim, Marc, concordo plenamente com você a princípio, mas na *minha* escola (ou meu estado ou meu país) nós... Eu gostaria de abordar aqui vários desses "Sim... mas", caso tenham se formado em sua mente enquanto você lia o livro.

Sim... mas as crianças e os jovens ainda não precisam aprender "o básico"?

Sim, os jovens ainda precisam adquirir habilidades básicas e fundamentais. Mas as competências básicas de que eles precisam estão mudando de maneira drástica e acentuada em nossos dias, e a velocidade com que essa mudança está acontecendo é algo que geralmente não percebemos ou não queremos aceitar. As habilidades que foram básicas para o nosso sucesso e para o da maioria das pessoas que se formavam em uma universidade em nosso tempo serão bem diferentes daquelas que a maior parte das crianças que hoje estão no ensino fundamental necessitarão quando crescerem. Se nos empenharmos para fornecer às crianças as mesmas habilidades básicas que foram entregues a nós, elas estarão desguarnecidas e despreparadas para viver em seu próprio tempo.

Isso vai muito além de adicionar a nossos conteúdos curriculares existentes algumas habilidades sociais/emocionais do século XXI. Significa repensar tudo o que fazemos – e não fazemos; reconhecer a crescente importância do vídeo e o definhamento da importância do texto em todas as comunicações; admitir que o cálculo aritmético não é mais o tipo de matemática de que as pessoas precisam; aceitar que o "básico" e o "currículo básico" que oferecemos às crianças hoje em dia, em quase todas as escolas e disciplinas, são na verdade um conjunto extremamente restrito de conhecimentos e habilidades – excessivamente detalhados em todos os casos –, ou seja, com poucas exceções, um conjunto nem necessário nem "básico" para a maioria das vidas no futuro; reconhecer que *não* oferecemos às crianças muitos dos princípios básicos de que elas de fato precisam, ou seja, um conjunto de conhecimentos e habilidades cruciais e facilmente aprendidos e lembrados em todas as áreas importantes de pensamento, ações, relacionamentos e realizações, a respeito das quais nós, como humanidade coletiva, já sabemos um bocado. Exigimos um imenso e profundo repensar dos "princípios básicos" que oferecemos a fim de preparar as crianças adequadamente para o futuro.

Sim... mas as crianças e os jovens não precisam "saber as coisas"? E se quiserem ser médicos?

Quando alguém pretende se especializar em um campo profissional, a exemplo da medicina, certamente precisa de uma grande variedade e um aprofundado conjunto de conhecimentos e habilidades. De fato, é para isso que serve, ou deveria servir, o "ensino superior" – para os estudantes da educação básica que adquiriram, além das habilidades básicas de pensar, agir, relacionar-se e realizar, uma ideia clara do que eles querem fazer, estando motivados e dispostos a trabalhar duro para isso. O que todos os alunos da educação básica precisam, quase mais do que qualquer outra coisa (e certamente mais do que o conhecimento e até as habilidades que lhes oferecemos hoje), é nossa ajuda para encontrarem quais são e onde estão seus interesses, pontos fortes e paixões e descobrirem como e onde podem aplicá-los melhor ao longo de suas vidas.

Sim... mas se as crianças e os jovens seguirem apenas suas paixões, não vão perder muito por não terem contato com outras coisas?

Podemos até pensar que fazemos um bom trabalho, no sentido de colocar as crianças e os jovens em contato com potenciais interesses e oportunidades, mas, na realidade, não é o que acontece, porque fazemos isso de maneira muito aleatória e restrita (diversas vezes baseada, por exemplo, nos professores que os alunos acabam tendo). Embora seja de grande importância ajudá-los a descobrir suas paixões, o que eles também precisam adquirir de nós é como *aplicar* a paixão que possam ter em um determinado momento para realizar coisas úteis que melhorem seu mundo. Hoje, nossas escolas, com poucas exceções, fazem um trabalho extremamente ruim quando se trata de ajudar os alunos a encontrarem suas paixões e aplicá-las de maneira útil no mundo. Projetos do mundo real – em particular com estudantes assumindo vários papéis e funções à medida que os realizam – farão um trabalho muito melhor ao expô-los a uma variedade maior de possibilidades. Todos os educadores da educação básica deveriam dedicar a maior parte do tempo para auxiliar seus alunos a identificarem seus próprios interesses, pontos fortes e paixões, e conectá-los a campos, pessoas e projetos junto dos quais essas paixões possam ser exploradas mais a fundo e novos objetos de predileção possam ser descobertos.

Sim... mas tudo de que as crianças e os jovens precisam pode ser adquirido por meio de um enfoque baseado em projetos da vida real que melhoram o mundo?

Pode e deve. Ademais, isso tornará muito mais provável que os alunos – motivados pelas necessidades de seus projetos e paixões – desejem investigar em profundidade áreas e habilidades específicas, além de aprenderem a respeito delas. Duas diferenças fundamentais entre a educação de hoje e a visão emergente da educação descrita neste livro são: (1) na visão futura, o conteúdo da educação de uma pessoa – isto é, os projetos escolhidos – é determinado pelas necessidades dos próprios alunos (com a orientação de seus educadores), e não por decretos impostos de cima para baixo; e (2) para que os conhecimentos e as habilidades sejam aplicados efetivamente, não é mais necessário que todos os estudantes passem por uma progressão comum de cursos lineares, antes de fazer qualquer coisa útil. Uma analogia para essa mudança pode ser a aquisição de um segundo idioma em um curso, em contraste com a aquisição desse idioma enquanto a pessoa reside em um novo país. Cursos ajudam com certeza, mas de maneira acessória, e não elementar. Em quase todos os casos, a melhor e principal maneira de construir conhecimentos e habilidades é interagir com o mundo real.

Sim... mas se abandonarmos o currículo MESS, as crianças e os jovens não serão privados de conteúdos importantes?

Se garantirmos apenas que as crianças e os jovens obtenham um "mínimo básico" das disciplinas do MESS (realmente muito pouco e sobretudo do mais alto nível) – e recebam muito mais do que atualmente está faltando nos currículos baseados no MESS –, acredito que não serão privados de nada que tenha importância verdadeira. Nesta era de informações abundantes, precisamos nos concentrar na "compressão" e em levá-los à essência do que queremos que eles saibam. Para mim, é preferível, por exemplo, que todas as crianças e jovens dos Estados Unidos saibam que a história de seu país é, em sua essência, "povos nativos, imigrantes europeus, um experimento político, expansão continental, escravidão, guerra civil, sucesso econômico, liderança mundial, questões contínuas" (são apenas 165 caracteres, incluindo vírgulas e espaços – um pouco menos que um tuíte), do que saibam quem foi Cristóvão Colombo ou em que ano exato ele chegou à América. Hoje, a maioria dos alunos que estudou história não consegue ter uma visão mais ampla, porque a maior parte do que oferecemos a eles é uma porção de detalhes. E se todos eles fossem capazes de compreender um arco geral para cada um dos principais países e regiões do mundo – isso não seria mais útil e importante? Nossos currículos baseados no MESS oferecem excesso de fatos e muito pouco contexto ou aplicação – eu exorto você, leitor, a pensar sobre quantos conteúdos aprendidos na educação básica você já usou em sua vida cotidiana ou profissional. Hoje, as crianças podem assistir a aulas de "estudos sociais" durante os anos de vida escolar sem perceberem que se trata do "estudo dos povos" – ou sem nunca serem informadas disso (foi o meu caso). As crianças podem desperdiçar muito tempo fazendo cálculos que um chip que custa menos de um centavo pode fazer agora, sem entender como avaliar a adequação de sua resposta (o que o chip não sabe fazer). Elas podem ser obrigadas a ler literatura que acham entediante ou antiquada, sem jamais saberem que a razão pela qual fazemos isso é aprender a respeito de relacionamentos humanos duradouros. Faríamos bem mais pelas crianças oferecendo-lhes muito "menos do MESS" e muito mais de sua "essência".

Sim... mas em que consiste de fato o "Currículo para Melhorar o Mundo" e como podemos ensiná-lo?

O que uma Educação para Melhorar o Mundo espera que todos os estudantes que cursam a educação básica realizem para se tornarem educados é uma série contínua de tarefas e projetos em equipes que sejam capazes de melhorar, de alguma maneira significativa, o mundo em que vivem – em uma mistura diferente para cada aluno. Esses projetos terão o respaldo de um abrangente conjunto de habilidades subjacentes – não apenas de pensamento, mas também de ações, relacionamentos e realizações –, que gostaríamos que todas as crianças adquirissem ao longo dos anos de educação básica. Tal educação ensinará aos estudantes não apenas que essas habilidades-chave existem, mas também seus elementos essenciais – de maneira que, *uma vez que essas competências e habilidades são utilizadas em aplicações práticas*, permanecerão com eles pelo resto de suas vidas. Eles não serão mais submetidos a um ensino calcado em uma faixa estreita de disciplinas, numa ordem linear predeterminada em "cursos"; tampouco as habilidades necessárias serão adquiridas por todos os alunos de uma só vez (ou seja, "só para garantir"). Elas serão adquiridas, individualmente, por cada aluno, conforme necessário (ou seja, "sob demanda" e "no momento certo").

Sim... mas o que você está propondo e defendendo não é apenas uma visão ocidental e de classe alta para crianças e jovens com acesso à mais alta tecnologia de ponta?

De forma alguma – é uma visão ideal para o mundo inteiro. Embora a maioria dos projetos que citei como exemplos neste livro sejam dos Estados Unidos, tipos semelhantes de projetos estão ocorrendo em todos os lugares – estou compilando essas iniciativas em um banco de dados, o BTW Database. O que as crianças e jovens fazem e podem fazer hoje é muito semelhante em lugares que vão de Nova York, Paris e Xangai a Kuala Lumpur. As áreas rurais estão se superando e rapidamente alcançando os grandes centros urbanos. Além disso, como apontei no capítulo "A tecnologia dá respaldo à nova educação", embora a tecnologia empodere as crianças, uma Educação para Melhorar o Mundo não exige tecnologia alguma. Muitos projetos, como mutirões de limpeza ou ações para a melhoria da vida das pessoas, podem ser realizados inteiramente sem tecnologia alguma. Onde ela é realmente necessária ou útil, muitas vezes pode ser fornecida por ONGs, empresas e até governos. A Educação para Melhorar o Mundo é um objetivo.

Sim... mas há Educação para Melhorar o Mundo suficiente para manter as crianças interessadas e mobilizadas durante toda a educação básica?

Há mais do que suficiente. Para começo de conversa, a maior parte do trabalho consiste em projetos de melhoria do mundo, que nunca acabarão. Em segundo lugar, todas as habilidades de pensamento, ações, relacionamentos e realizações efetivos (veja as listas no capítulo "Todas as habilidades de que crianças e jovens precisam") duram a vida toda e serão adquiridas de forma contínua em maior profundidade, da mesma maneira que um músico sério, por meio da prática, melhora constante e continuamente suas muitas habilidades.

Sim... mas e a avaliação e a verificação de competência?

A avaliação pode ser um instrumento útil quando usada de maneira correta, mas, em sua maioria, as chamadas "avaliações" são na verdade tentativas de "classificação" e ranking, o que não é necessário e é quase sempre prejudicial. Na escola, assim como nos negócios, precisamos de apenas três categorias de avaliação, a saber: *competente* (que em geral abarca a maioria das pessoas – por via de regra, em um grupo, cerca de 75%), *excelente* (em geral de 10% a 15%) e *ainda não competente* (em geral entre 10% e 15%); as pessoas usam uma grande variedade de diferentes nomes para essas categorias. Distribuir em classes é algo impossível de fazer com precisão ou justiça (e é por isso que investimos tanto esforço na tentativa de determinar rankings). Para admissão em programas limitados, esses programas devem formular seus próprios critérios, o que a maioria já faz. Na verdade, é muito mais fácil avaliar "realizações", nas quais algo é realizado ou não, do que avaliar "desempenho acadêmico".

Sim... mas como lidamos com o elevado número de atuais professores titulares – portanto com estabilidade no cargo –, mas despreparados para essa nova visão da educação? Podemos treinar todos os educadores do mundo?

A mudança está chegando a todas as profissões – entre elas, as que envolvem o ensino. Devemos lidar com os professores exatamente do mesmo modo que lidamos com todos os profissionais do nosso mundo em mutação – sejam eles médicos, advogados ou arquitetos –, respeitando sua experiência, mas também colocando-os nos novos caminhos que devem trilhar por meio de formação, treinamento e exemplo. Uma grande diferença entre a profissão docente e muitas outras é que os clientes dos professores não são seus próprios contemporâneos, mas sim as crianças. Isso por si só deveria ser, para aqueles que se preocupam muito com os jovens, motivo suficiente para começar a mudar para uma visão mais progressista da educação, mais voltada para o futuro. Devemos trabalhar com os educadores colocando-os em novas situações (com apoio) e oferecendo-lhes uma preparação diferente. E devemos estar prontos, assim como fazemos com outras profissões, para *exigir* que todos eles trilhem os novos caminhos o quanto antes, alterando não apenas a sua formação, mas também os requisitos para qualificação e habilitação docente, de modo que reflitam o momento de evolução da situação educacional.

Sim... mas uma educação baseada em realizações no mundo real ajudará meu filho a ingressar em uma boa faculdade ou universidade?

Faculdades e universidades – e até mesmo a definição de uma "boa" faculdade ou universidade – agora estão passando por uma imensa e rápida mudança, à medida que essas instituições enfrentam um crescente tsunami de pressões acadêmicas e econômicas. Na verdade, o ensino superior vem mudando muito mais rapidamente do que a educação básica. Embora algumas instituições estejam mudando em um ritmo mais acelerado do que outras, pelo menos nos Estados Unidos quase todas as principais faculdades e universidades já tomaram ou estão pensando em tomar medidas para a admissão de estudantes com critérios muito mais amplos do que apenas notas e resultados de provas e exames – os setores encarregados das admissões examinam com profundidade, cada vez maior e mais rigorosa, o histórico dos candidatos quanto a realizações no mundo real (as instituições públicas são mais lentas nesse sentido). Hoje, sem algumas significativas realizações no mundo real, apenas ter as melhores notas já não é suficiente para garantir ao aluno uma vaga nas "melhores" faculdades e universidades. E essa tendência só vai aumentar.

Sim... mas uma educação baseada em realizações no mundo real ajudará meu filho a conseguir um bom emprego e ter uma carreira de sucesso?

O mesmo se aplica, ainda mais, ao emprego e ao mercado de trabalho. O site da Google, por exemplo, afirma:

"Procuramos pessoas orientadas para o trabalho em equipe *que sejam capazes de fazer as coisas*" (itálicos meus). Fazer as coisas é apenas mais um termo para "realização". Hoje ouvimos executivos de todos os ramos de atividade dizerem que estão procurando funcionários que saibam pensar criticamente, ser inovadores e resolver problemas. Subjacente a isso está o conhecimento de que, se seus funcionários não conseguem realizar tarefas e fazer as coisas, o resto pouco importa.

Sim... mas se eles não aprenderem a história, não estão fadados a simplesmente repeti-la?

Essa derradeira objeção, que ouço com frequência, é a mais preocupante de todas para mim. É a mesma objeção, em palavras diferentes, formulada assim: "caso as crianças não saibam calcular de cabeça o troco, todo o comércio não será interrompido se nossas máquinas quebrarem ou se a energia elétrica ou a bateria acabar?". Continuamente ouço esse "sim... mas" proferido por pessoas que estão convencidas de que todas as crianças e jovens "realmente" precisam de uma matéria ou métodos específicos do passado ou de hoje (por exemplo, história, matemática, redação, debate socrático ou análise textual profunda). Meu problema com isso não é que tais pessoas estejam erradas ao dizer que a disciplina ou o método que defendem é importante para alguns – ou mesmo para muitos – estudantes. O ponto problema é sugerir que uma quantidade muito desproporcional de tempo seja gasta, por todos os alunos, em qualquer uma dessas disciplinas, cuja primazia elas defendem. Meu argumento é, em grande parte, proporcional – e precisa ser –, porque, no final, temos apenas um tempo limitado para preparar as crianças e os jovens para o futuro. Por certo devemos usar parte desse tempo desenvolvendo o pensamento dos alunos (como fazemos agora), mas devemos dedicar pelo menos uma quantidade igual de tempo ao desenvolvimento de habilidades de ação e relacionamentos. E precisamos dedicar uma proporção ainda maior do tempo de nossos alunos a realizações que melhoram o mundo real, porque isso é muito decisivo para eles e para o nosso futuro. Obviamente, isso significa modificar boa parte do que fazemos atualmente e dar às crianças muito mais oportunidades de buscar seus próprios interesses – sejam quais forem – em profundidade e de maneira minuciosa, prática e aplicada, em vez de qualquer conteúdo curricular imposto de cima para baixo.

Todos nós queremos que as crianças e os jovens tenham uma boa educação. O que está mudando, acredito, é o conceito de "educação" e o significado de se "ter uma boa educação".